Elogios para

Más allá de tu vida

«Quizá este sea el libro más importante de Max Lucado. Cuando cumplas noventa y nueve años, ¿qué apreciarás cuando mires atrás? ¿Será el tamaño de tus cuentas bancarias, la extensión de tus propiedades, o tus impresionantes títulos académicos? ¿O será la gente a la que has amado, las relaciones en las que has invertido tiempo, o las cosas que has hecho por el reino de Dios? *Más allá de tu vida* es un mapa de carreteras para tu viaje vital, que te dejará con pocos pesares y te inspirará para que seas todo aquello que Dios pensó para ti. Este es uno de esos raros libros que realmente puede cambiarte la vida».

Richard Stearns,
presidente de World
Vision US, y autor de *The
Hole in Our Gospel.*

«El pastor Max les dice a todos cómo pasar de los estudios bíblicos a los actos bíblicos».

Denver Moore, exitoso
autor de *Same Kind of
Different as Me.*

«Una potente colección de historias y verdades bíblicas que te mantendrá en vela aún mucho tiempo después de haberlo leído, haciéndote preguntas y planeando con esperanza cómo ir más allá de tu vida».

Ron Hall, exitoso autor
de *Same Kind of Different
as Me.*

«Algunos libros cambian al lector; otros libros cambian el mundo. Este hará ambas cosas. Este asombroso escritor le ha dado forma a mi visión de mundo durante veinticinco años. Con este libro todos podemos entrar en una práctica relación para expandir el Reino y cuidar de los vulnerables».

Dr. Joel C. Hunter,
pastor principal,
Northland, A Church
Distributed.

«Max Lucado, maestro narrador, nos recuerda que el evangelio debe ser buenas noticias para todos los que habitan nuestro mundo… y nos habla del gozo que viene de servir con unos pies y manos como los de Cristo en un mundo que nos necesita».

Jonathan T. M. Reckford,
CEO de Habitat for
Humanity International.

«En 1986 mi editor me envió una copia preliminar de *Con razón lo llaman el Salvador,* de Max Lucado. El libro me dejó sin respiración. Centrado en Cristo, afirmándose en las verdades bíblicas, cálido, práctico y bellamente escrito, ¿qué más puede pedir un lector? Dios tocó mi corazón a través de este libro y supe que era algo muy especial. En las décadas que han pasado desde entonces, millones de personas han descubierto a Max Lucado, y Dios ha usado sus libros para tocar lo profundo de diferentes tribus, naciones y lenguas. Celebro estos veinticinco años de publicaciones de Max Lucado. Nanci y yo hemos visto de primera mano que Max y Denalyn son auténticos. Nos sentimos tocados por su fidelidad, su humildad, su corazón servicial, su integridad y su amor por Jesús y por los demás. Estoy encantado (de corazón y con todo mi entusiasmo) de recomendarlos a ambos, ¡a Max Lucado *y* a sus libros!»

Randy Alcorn, autor de
Heaven y *If God Is Good.*

«La única manera de cambiar el mundo para bien es que los cristianos se tomen con seriedad su llamado a ser la luz de Cristo. Mi amigo Max hace un llamado a la iglesia (que somos tú y yo) a amarnos y servirnos los unos a los otros a través de Jesucristo».

Chuck Colson, fundador
de Prison Fellowship y
Colson Center for
Christian Worldview.

«Probablemente este será el libro más importante que leerás este año… o por muchos años. Max Lucado siempre escribe con gracia, belleza e imaginación. Aquí abre su corazón y empuja al mismo tiempo al tuyo (o debería) a abrirse y expandirse hacia fuera de tal manera que te bendecirá más allá de lo que puedas imaginar».

Leighton Ford,
presidente de Leighton
Ford Ministries.

«Este libro es una llamada a abrazar a aquellos que tienen muy poco o nada. Nadie puede hacerlo todo, pero todos pueden hacer algo. Como dice Max Lucado, "el desafío puede crear un equipo". ¿Te unirás a nuestro equipo y aprovecharás tu vida en algo que sobrevivirá, alimentará y dará consuelo aún mucho después de que tú te hayas ido? Lee este libro y mira cómo puedes marcar la diferencia justo ahí donde estás».

Luci Swindoll,
conferenciante y autora de
Women of Faith ®.

«Millones de personas han recibido el don de la compasión de los escritos de Max Lucado. Ahora nos ofrece otro de esos regalos: una llamada *a* la compasión. Léelo y desencadénala».

John Ortberg, escritor y
pastor de la Menlo Park
Presbyterian Church.

«De vez en cuando escuchas una llamada que es tan clara y tan real que sabes sin sombra de duda que viene del mismo corazón de Dios. Este libro contiene esa llamada. Si escuchamos, podría cambiar el mundo».

Sheila Walsh,
conferenciante de Women
of Faith ® y autora
superventas de *Déjalo en
las manos de Dios.*

«¿Qué significa realmente "ama a tu prójimo"? Max Lucado sugiere que nuestro *prójimo* no es sólo la familia de la puerta de al lado, sino también aquel que está luchando por sobrevivir al otro lado del globo. *Más allá de tu vida* es una llamada inspiradora para que los cristianos pongan su fe en acción y alcancen a aquellos que lo necesitan desesperadamente».

Jim Daly, presidente y
CEO de Focus on the
Faith.

«Es fácil sentirse abrumado por la inmensidad de necesidades de nuestro mundo actual; de hecho, muchos cristianos se quedan paralizados por esta desesperación, preguntándose cómo pueden marcar la diferencia. Pero la llamada de Max Lucado (una llamada accesible, alentadora y poderosa) a que cada uno de nosotros amemos a Cristo amando a aquellos que están en necesidad alrededor nuestro es un gran regalo a la iglesia, precisamente porque nos permitirá sobreponernos de esa parálisis y empezar a vivir con un significado y un propósito, tal y como Dios nos ha creado. Con esta llamada de Max a que hagamos "al menos esto", de forma amorosa aunque contundente, comparte con nosotros modos prácticos para sentirnos implicados, y nos equipa espiritualmente con oraciones sencillas y hermosas al Dios que nos ha creado para ir más allá de nuestras propias vidas. Fuimos hechos para marcar una diferencia, y en este libro Max nos ofrece un maravilloso mapa de carreteras para que comencemos nuestro viaje».

Gary Haugen, presidente
y CEO de International
Justice Mission.

«Nunca habíamos visto una llamada tan clara a la gente de Dios para que piense estratégicamente en el mundo de la pobreza, a la vez que somos desafiados a actuar con decisión. *Más allá de tu vida* encenderá la pasión por los pobres que Dios desea encontrar en cada seguidor de Cristo».

Dr. Barry Slauenwhite,
presidente de Compassion
Canada.

«Algunos de nosotros creemos que el deseo de justicia verdadera (la justicia del reino de Dios, no una ley basada en la venganza) es una brasa que arde en una iglesia plagada de termitas y podredumbre. *Más allá de tu vida* es un soplo de aire fresco calculado para convertir esa brasa en una llama. Si los lectores de Max abrazan el mensaje central de que ellos fueron hechos para marcar la diferencia en las vidas de la gente pobre y marginada, esas viejas estructuras se derrumbarán, y el fuego se alzará como señal al mundo entero.

La hábil y gentil mirada de Max Lucado a la iglesia primitiva nos descubre a los cristianos contemporáneos como gente dormilona y amnésica. Hemos olvidado que el cuerpo terrenal de Cristo sirvió para cuidar, no de nosotros mismos sino de aquellos pobres y excluidos. *Más allá de tu vida* es una refrescante llamada a despertarnos, devolviéndonos el verdadero sentido de la misión y, de camino, nuestra verdadera identidad a la hora de marcar la diferencia en un mundo desordenado».

Greg Paul,
sanctuarytoronto.ca; autor
de *The Twenty-Piece Shuffle*
y *God in the Alley*.

El cien por ciento de los derechos de autor
de los productos de *Más allá de tu vida* será
destinado a niños y a familias a través de
Visión Mundial y de otros ministerios
caritativos basados en la fe.

LIBROS DE INSPIRACIÓN
3:16
Acércate Sediento
Aplauso del cielo
Cada día merece una oportunidad
Cuando Cristo venga
Cuando Dios susurra tu nombre
Cura para la vida común
Él escogió los clavos
El trueno apacible
En el ojo de la tormenta
En manos de la gracia
Enfrente a sus gigantes
Experimente el corazón de Jesús
Gente común
La gran casa de Dios
Mi Salvador y vecino
Momentos de inspiración con Max Lucado
Sin Temor
Todavía Remueve Piedras
Un Amor que Puedes Compartir
Y los ángeles guardaron silencio

LIBROS PARA NIÑOS
Buginnings Colores
Buginnings Figuras
Buginnings Letras
Buginnings Números
Buzby, la abeja mal portada
Buzby, la abeja malcriada
El Corderito Tullido
Flo la mosca mentirosa
Hermie y sus amigos del jardín
Hermie y Wormie en un diluvio de mentiras
Hermie, una oruga común
Por si lo querías saber
Stanley la chinche apestosa
Webster, la arañita miedosa

LIBROS DE REGALO
Aligere su equipaje
El regalo para todo el mundo
Esperanza pura y sencilla
Gracia para todo momento volumen I
Gracia para todo momento volumen II
Lo hizo por ti
Para estos tiempos difíciles
Promesas Inspiradoras de Dios
Un cafecito con Max

LIBROS DE FICCIÓN
La historia de un Ángel
La vela de Navidad

BIBLIAS
3:16 Evangelio de Juan
Biblia de inspiración con notas de Max Lucado
Biblia Gracia para el momento

MÁS ALLÁ

DE TU VIDA

Fuiste creado para marcar la diferencia

Max Lucado

GRUPO NELSON
Una división de Thomas Nelson Publishers
Desde 1798

NASHVILLE   DALLAS   MÉXICO DF.   RÍO DE JANEIRO

Editora General: *Graciela Lelli*
Traducción y adaptación del diseño al español:
Ediciones Noufront / www.produccioneditorial.com

ISBN: 978-1-60255-404-7

Impreso en Estados Unidos de América

10 11 12 13 14 BTY 9 8 7 6 5 4 3 2 1

Denalyn y yo quisiéramos dedicar este libro a mi hermana

y a mi cuñado, Jacquelyn y Ken Wallace.

Puede que existan corazones más amables que los suyos,

pero no de este lado del cielo.

Les queremos.

Contenido

Reconocimientos

Detrás de este libro hay un ejército de pensadores, estrategas, soñadores y correctores.

Liz Heaney y Karen Hill: las editoras que tuvieron que practicar la reanimación cardiorrespiratoria a este libro y a su autor más de una vez. ¡Un trabajo asombroso!

Steve y Cheryl Green: si hubieran vivido hace un siglo, hubieran guiado una manada de reses hasta Montana. Nadie puede mantener a una multitud de personas en el camino correcto como lo han hecho ustedes.

Carol Bartley: ¿es tu segundo nombre «Precisión»? Gracias por dar rienda suelta a tus habilidades en este libro.

Mike Hyatt, Dave Moberg, Susan and Greg Ligon, Dave Schroeder y todo el equipo de Thomas Nelson: marcan el estándar del servicio y la excelencia. Paula Major, ¡bienvenida el equipo!

Rich Stearns y la organización Visión Mundial: deben continuar hablando sobre los pobres. Ellos necesitan vuestra ayuda, y nosotros necesitamos que nos sigan llamando la atención.

Randy y Rozanne Frazee: ¡levantan el ánimo de todas las personas que encuentran! Menuda mezcla de intelecto y amabilidad. Estoy muy contento de ser su compañero.

David Drury y Greg Pruett: los dos han sido una tremenda inspiración. No sólo conocen el libro de los Hechos, sino que lo viven.

David Treat: tu oración constante es como una sólida pared. Gracias por tu apoyo.

El equipo del ministerio UpWords: por todas las llamadas telefónicas y preguntas a las que respondieron: «¡buen trabajo!»

La iglesia Oak Hills: ¡lo mejor está aún por llegar!

Brett y Jenna Bishop, Andrea Lucado y Sara Lucado: estoy asombrado por su fe y madurez. Si el orgullo fueran galletas, yo sería el panadero.

Y Denalyn, mi querida y amada esposa: cuando Dios creó el cielo y la tierra, los ángeles miraban en silencio. Cuando te creó a ti, rompieron en aplausos. Aún les oigo aplaudir.

Y para ti, lector: este libro marca un hito para mí; he necesitado veinticinco años para publicarlo. Gracias por animarme en este viaje. Y únete a mí para darle gracias a Dios. Todos sabemos la verdad: Él es la fuente de todo lo bueno. Si mis palabras te han ayudado, dale las gracias por hablar todavía a través de asnos como yo.

Conociendo al padre Benjamín: una fábula

Los vientos desfavorables hacen que la nave pierda su rumbo y, cuando eso pasa, los marineros descubren unas islas que no aparecen en los mapas. Ven media docena de montículos sobresaliendo por encima de las azules aguas de los Mares del Sur. El capitán ordena a sus hombres tirar el ancla y desembarcar. Es un hombre robusto, de pecho fuerte y grueso, barba espesa y alma inquieta.

En la primera isla no ve nada más que tristeza. Niños mal alimentados. Tribus en conflicto. No hay ganadería ni cosechas que produzcan comida, no hay médicos ni escuelas. Sólo gente necesitada.

La segunda y las siguientes islas revelan más de lo mismo. El capitán suspira ante lo que ve. «Ésta no es vida para esta gente». Pero, ¿qué puede hacer él?

Entonces pisa la última y más grande de las islas. La gente goza de buena salud y están bien alimentados. Tienen sistemas de riego que nutren sus campos y hay carreteras que conectan los distintos pueblos. Los niños tienen los ojos brillantes y sus cuerpos están fuertes. El capitán le pide al jefe del poblado una explicación. ¿Cómo es posible que esta isla haya aventajado tanto en desarrollo a las otras islas?

El jefe, que es un poco más bajito que el capitán pero a quien, en todos los aspectos, iguala en autoridad, le da una rápida respuesta:

—El padre Benjamín. Él nos enseñó de todo, desde agricultura hasta medicina. Él construyó escuelas y clínicas y cavó pozos de agua.

El capitán le pregunta:

—¿Pueden llevarme a verle?

El jefe asiente con la cabeza y les dice por señas a dos hombres de la tribu que le acompañen. Guían al capitán a través de la jungla más espesa hasta un sencillo centro médico que abarca una gran extensión.

Está equipado con camas limpias y el personal sanitario está formado por expertos cuidadores. Le enseñan al capitán los estantes de los medicamentos y le presentan a los trabajadores. El capitán, aunque impresionado, no ve al padre Benjamín. Repite de nuevo su petición.

—Me gustaría ver al padre Benjamín. ¿Podéis llevarme a donde él vive?

Los tres nativos parecen desconcertados. Hablan entre ellos en voz baja. Después de algunos minutos el jefe le invita:

—Síguenos al otro lado de la isla.

Caminan a lo largo de la línea de la costa hasta que llegan a una serie de estanques para peces. Hay canales que conectan los estanques al océano. Cuando la marea sube, los peces pasan del océano a los estanques. Los isleños, entonces, bajan las compuertas del canal y atrapan los peces como si los cosecharan.

De nuevo el capitán se sorprende. Encuentra pescadores y trabajadores, guardas y los que echan las redes. Pero no ve al padre Benjamín. Se pregunta si se ha explicado bien.

—No veo al padre Benjamín. Por favor, llévenme a donde él vive.

El trío de isleños hablan entre ellos de nuevo. Después de una breve discusión, el jefe dice:

—Vamos a lo alto de la montaña.

Conducen al capitán por un empinado y estrecho camino. Después de muchos giros y vueltas el camino los deja ante una capilla con el techo de hierba. La voz del jefe es suave y seria.

—Él nos ha enseñado acerca de Dios.

Acompaña al capitán hasta dentro de la capilla y le muestra el altar, una gran cruz tallada en madera, varias filas de bancos y una Biblia.

—¿Es aquí donde vive el padre Benjamín? —pregunta el capitán.

Los hombres asienten con la cabeza y sonríen.

—¿Puedo hablar con él?

De pronto sus semblantes cambian y se ponen serios.

—Oh, eso es imposible.

—¿Por qué?

—Murió hace muchos años.

El desconcertado capitán mira fijamente a los hombres.

—Les dije que quería verle y me enseñaste un centro médico, piscifactorías y esta capilla. No dijeron nada de su muerte.

—No preguntó nada sobre su muerte —explicó el jefe—. Pidió ver donde vivía. Y se lo hemos mostrado.

CAPÍTULO 1

Nuestra única oportunidad

Para cuando supiste cómo llamarlo, ya estabas metido hasta el cuello.

Cuando eras un niño pequeño caminabas, hablabas, olisqueabas lápices de colores, dabas vueltas sobre ti mismo como un loco, balbuceabas y te reías tontamente mientras dejabas los pañales y te hacías mayor.

Después te fijaste en que los chicos son distintos de las chicas, en que los perros no son iguales a los gatos, y en que la pizza, sin duda, es mejor que las espinacas. Y entonces, en algún lugar en medio de todo esto, te golpeó. Quizá en el funeral de tu abuelo. Quizá cuando dijiste adiós con la mano a tu hermano mayor que se alistaba en el ejército. Te diste cuenta de que esos días eran algo más que hartarse de helados, deberes y espinillas. Esto es lo que se llama vida. Y ésta es tu vida.

Incluyendo veranos y canciones, cielos grises y lágrimas, tienes una vida. No la pediste, pero la tienes. Un primer día. Un último día. Y unos cuantos miles en medio. Te ha sido dada una vida humana de las de verdad.

3

Tu vida te ha sido dada. Nadie más tiene tu versión. Jamás chocarás contigo mismo caminando por la acera. Jamás encontrarás a nadie que tenga tu mezcla exacta de linaje, gustos y anhelos. Tu vida no será nunca vivida por otra persona. No eres una chaqueta en un desván que puede ser reutilizada cuando te hayas ido.

¿Y quién apretó el acelerador? Tan pronto como un día es vivido, *voilà*, ahí llega otro. El pasado es pasado, y los buenos viejos tiempos son exactamente eso: viejos tiempos, cosas que sólo podemos ver si miramos hacia atrás o si hojeamos los álbumes de fotos. La vida es una carrera, y si no vamos con cuidado, tú y yo alzaremos la vista y nuestra oportunidad en ella ya habrá pasado de largo.

Algunas personas no se preocupan con estos pensamientos. Viven su rutina diaria a lo largo de los días sin alzar sus ojos para ver. Viven y mueren y nunca se preguntan por qué.

Pero tú no estás contado entre ellos, o no estarías aquí sosteniendo un libro titulado *Más allá de tu vida*. Para ti no es suficiente hacerlo regular. Quieres hacerlo bien. Quieres que tu vida importe. Quieres vivir de tal manera que el mundo se alegre de que lo hicieras.

Pero, ¿cómo hacerlo? ¿Cómo puedo hacerlo yo? ¿Puede Dios usarnos?

Tengo ciento veinte respuestas a esa pregunta. Ciento veinte habitantes del antiguo Israel. Ellos eran los miembros fundadores de la iglesia de Jerusalén (Hechos 1.15).

Algunos eran pescadores. Otros eran cobradores de impuestos. Había una ex prostituta y uno o dos revolucionarios conversos. No tenían ningún tipo de influencia sobre el César, no tenían amigos en el templo. Para ser exactos, lo único que tenían era un deseo intenso de cambiar el mundo.

Gracias a Lucas sabemos cómo vivían. Él registró sus historias en el libro de los Hechos. Vamos a escucharle. Sí, lo he dicho bien: *escuchar* el libro de los Hechos. Todo él resuena con el sonido de la tarea inacabable de Dios. Acerca tu oído a las páginas y escucha a Dios trabajando en todos los rincones y resquicios del mundo.

Escucha el eco de los sermones en los muros del templo. Las salpicaduras de las aguas bautismales, la risa de las almas recién salvadas. Escucha cómo la cuchara rasca el fondo del plato para alimentar a otra boca hambrienta.

Escucha cómo las puertas se abren y los muros se derrumban. Puertas que dan a Antioquía, Etiopía, Corinto y Roma. Puertas que abren palacios, prisiones y la corte de Roma.

Y los muros. El ancestral prejuicio entre judíos y samaritanos, ¡derribado! La división entre judíos y gentiles, siempre peliaguda, ¡destruida! El muro que obligaba a los hombres a permanecer aislados de las mujeres, a los propietarios de tierras separados de los pobres, a los amos lejos de los esclavos y a los negros de África apartados de los judíos del Mediterráneo, Dios lo echa abajo.

El libro de Hechos anuncia: «¡Dios sigue en pie!»

¿Lo está aún?, nos preguntamos. *¿Hará Dios con nosotros lo que hizo con sus primeros seguidores?*

El cielo sabe que lo esperamos. Estos son tiempos de devastación: 1,750 millones de personas viven en la miseria absoluta,[1] 1,000 millones pasan hambre,[2] millones son víctimas del tráfico de esclavos, y las enfermedades pandémicas están asolando naciones enteras. Cada año, en todo el mundo, casi dos millones de niños son víctimas de la explotación sexual.[3] Y en los cinco minutos que has necesitado para leer estas páginas, casi noventa niños han muerto de enfermedades que se podrían haber prevenido.[4] Más de la mitad de todos los africanos no tiene acceso a las modernas instalaciones médicas que tenemos hoy en día. Como resultado, diez millones de ellos mueren cada año de diarrea, insuficiencia respiratoria aguda, malaria y sarampión. La mayoría de esas muertes podrían ser evitadas con una vacuna.[5]

Sin embargo, en medio de las ruinas, aquí estamos: la versión moderna de la iglesia de Jerusalén. Tú, yo, y nuestra vida personal e individual y nuestra única oportunidad en la historia.

La nuestra es la generación más rica de cristianos que jamás ha habido. Somos brillantes, cultos y experimentados. Podemos viajar alrededor del mundo en veinticuatro horas o enviar un mensaje en un milisegundo. Tenemos la investigación y las medicinas más sofisticadas al alcance de nuestra mano. Tenemos abundantes recursos. Un mero dos por ciento de la cosecha mundial de grano sería suficiente, si se compartiera, para borrar los problemas de hambre y malnutrición alrededor del mundo.[6] Hay suficiente comida en el planeta para ofrecerle a cada persona una dieta de 2,500 calorías diarias.[7] Tenemos suficiente comida para alimentar a los hambrientos.

Y tenemos suficientes camas para alojar a los huérfanos. Aquí están los datos. Hay 145 millones de orfanatos alrededor del mundo.[8] Casi 236 millones de personas en los Estados Unidos se llaman a sí mismos cristianos.[9] Desde un punto de vista puramente estadístico, los cristianos americanos tienen por sí solos los medios necesarios para alojar a todos los huérfanos del mundo.

Evidentemente no toda la gente está en situación de poder hacerlo. Hay gente mayor, enfermos, desempleados o personas que simplemente no se sienten llamadas a adoptar. Sin embargo, ¿qué pasaría si un pequeño porcentaje de ellos lo hiciera? Vamos a decir un seis por ciento. Si eso se hiciera, podríamos proveer de un hogar para los más de 14.1 millones de niños en África Subsahariana que han quedado huérfanos a causa de la epidemia del SIDA.[10] ¿No sería ése un buen titular?

No me refiero a simplificar en demasía estas terribles y complicadas cuestiones. No podemos simplemente chasquear los dedos y esperar a que el grano circule con fluidez a través de las fronteras o que los gobiernos permitan sin más las adopciones internacionales. La política hace fracasar los mejores esfuerzos. Las relaciones internacionales son tensas. Los oficiales corruptos paralizan el sistema. Lo sé.

Pero sí que hay algo claro: el almacén está bien abastecido. El problema no está en el suministro; el problema está en la distribución. Dios le ha dado a esta generación, *nuestra generación*, todo lo que necesita para alterar el curso del sufrimiento humano.

Hace unos cuantos años, tres preguntas conmocionaron mi mundo. Fueron hechas por distintas personas en el lapso de un mes. Primera pregunta: «Si hubieras sido un cristiano alemán durante la Segunda Guerra Mundial, ¿te hubieras posicionado en contra de Hitler?» Segunda pregunta: «Si hubieras vivido en el Sur de Estados Unidos durante el conflicto por los derechos civiles, ¿te hubieras declarado en contra del racismo?» Tercera pregunta: «Cuando tus nietos descubran que viviste en una época en la que 1,750 millones de personas eran pobres y 1,000 millones pasaban hambre, ¿cómo juzgarán lo que hiciste?»

No me importaron las dos primeras preguntas. Eran hipotéticas. Me gustaría pensar que me hubiera posicionado en contra de Hitler y luchado contra el racismo. Pero esos días han pasado, y esas elecciones no fueron mías. Pero la tercera pregunta me ha mantenido en vela durante noches. Yo vivo hoy, y tú también. Nos ha sido dada una oportunidad… una oportunidad para marcar una gran diferencia en un tiempo especialmente difícil. ¿Qué pasaría si lo hiciéramos? ¿Qué pasaría si bombardeáramos al mundo con esperanza? ¿Si contagiáramos todos los rincones con el amor y la vida de Dios? ¿Qué pasaría si siguiéramos el ejemplo de la iglesia de Jerusalén? Esta secta minúscula se expandió con una fuerza que cambió el mundo entero. Nosotros todavía bebemos de sus aguas y comemos de sus árboles de fe. ¿Cómo lo hicieron? ¿Qué podemos aprender de sus prioridades y de su pasión?

Vamos a considerar sus historias, que encontramos en los primeros doce capítulos del libro de los Hechos. Vamos a examinar cada evento en base a esta oración: «*Hazlo otra vez, Jesús, hazlo otra vez*». Después de todo, «somos hechura suya, creados en Cristo Jesús para buenas obras, las cuales Dios preparó de antemano para que anduviésemos en ellas» (Efesios 2.10). Hemos sido creados por un gran Dios para hacer grandes obras. Él nos invita a ir más allá de nuestra vida, no sólo en el cielo sino también aquí en la tierra.

Esto podría ser un homenaje a una vida larga: «Bondad que sobrevive a la tumba, amor que dura más allá del aliento final. Vive de tal modo que tu muerte sea el inicio de tu vida».

David, después de servir a su propia generación conforme al propósito de Dios, murió y fue sepultado con sus antepasados.

Hechos 13.36 CST

Oh Dios, qué increíble oportunidad has puesto delante de mí: una ocasión para marcar la diferencia para ti en un mundo desesperado y dolido. Ayúdame a ver las necesidades que quieres que vea, a reaccionar de manera que te honre y a bendecir a otros sirviéndoles con alegría mediante expresiones prácticas de tu amor. Ayúdame a ser las manos y pies de Jesús y, a través de tu Espíritu, dame la fuerza y la sabiduría que necesito para llevar a cabo tu propósito para mí en mi propia generación. En el nombre de Jesús, amén.

CAPÍTULO 2

Llamando a Don Nadie

Y me seréis testigos en Jerusalén, en toda Judea,

en Samaria, y hasta lo último de la tierra.

HECHOS 1.8

No parecen gran cosa. Nadie los ha acusado nunca de estar demasiado capacitados. De torpeza, sí. Obstinados y olvidadizos, ciertamente. Pero, ¿embajadores? ¿Líderes de vanguardia? ¿Heraldos de la esperanza?

Eso no.

Ese alto que está en la esquina, ése es Pedro. Tiene un acento de Galilea muy marcado. Las redes de pescar han endurecido sus manos. La terquedad ha endurecido su forma de pensar. Su mayor logro en la vida hasta ahora se lo debe a las aletas y agallas de los peces que pesca. Curioso. El hombre al que se le ha encomendado la dirección de la próxima gran tarea de Dios sabe más de róbalos y astilleros que de cultura romana o de líderes egipcios.

Y mira a sus colegas: Andrés, Santiago, Natanael. Nunca han estado fuera de sus casas más de una semana. No han estudiado las costumbres de Asia ni la cultura griega. Sus pasaportes no se han desgastado; sus maneras no son refinadas. ¿Tienen algún tipo de educación formal?

De hecho, ¿qué tienen? ¿Humildad? Conspiraron para tener una posición destacada. ¿Acaso han estudiado teología? Pedro le dijo a Jesús que se olvidara de la cruz. ¿Sensibilidad? Juan quería quemar vivos a los gentiles. ¿Son leales? Cuando Jesús necesitaba sus oraciones, ellos se echaron una siesta. Cuando Jesús fue arrestado, ellos huyeron corriendo. Debido a su cobardía, Cristo estaba rodeado de más enemigos que amigos en su ejecución.

Ahora vamos a verles seis semanas después, apretujados en el segundo piso de una casa en Jerusalén, exaltados como si acabaran de ganar entradas para la final del Mundial. Chocando las manos y con los ojos bien abiertos, preguntándose qué debía tener Jesús en mente cuando les dio su comisión final: «Y me seréis testigos en Jerusalén, en toda Judea y Samaria y hasta lo último de la tierra» (Hechos 1.8).

Ustedes, paletos, serán mis testigos.

Ustedes, incultos e ingenuos, serán mis testigos.

Ustedes, los que una vez me llamaron loco, los que me abuchearon en el bote y dudaron de mí en el Aposento Alto.

Ustedes, pescadores y recaudadores de impuestos impetuosos y pueblerinos.

Ustedes serán mis testigos.

Ustedes encabezarán un movimiento que se expandirá con rapidez fuera de Jerusalén, como cuando se abre una boca de incendios, y se extenderá hasta los confines de la tierra: a las calles de París, a los distritos de Roma, a los puertos de Atenas, a Estambul, Shangai, Buenos Aires. Serán una parte de algo tan poderoso, controvertido e impactante, que dos milenios después, un autor pelirrojo de mediana edad que estaba sentado esperando a que saliera un vuelo de Boston a Dallas, escribiría esta pregunta en su portátil:

¿Sigue Jesús haciéndolo?

¿Sigue él usando gente sencilla como nosotros para cambiar el mundo? Sufrimos de extrema ordinariez. El tipo de mi derecha dormita con la boca abierta. La mujer de pelo canoso que está a su lado lleva auriculares y mueve la cabeza como si bailara (creo que está escuchando a Frank Sinatra). No tienen aureolas ni alas. Y, a excepción del reflejo de la calva del hombre, no emiten ninguna luz.

La mayoría de nosotros no lo hace. Somos Don Nadie. Gente común. Nos sentamos en las gradas, comemos en cafeterías, cambiamos pañales y llevamos la gorra de nuestro equipo favorito. No tenemos fans que nos hagan la ola cuando pasamos. No tenemos criados que se apresuren a servirnos cuando llegamos a casa. No tenemos chóferes que conduzcan nuestros coches, ni mayordomos que nos abran la puerta o nos preparen el baño. El portero no nos saluda, y no tenemos guardaespaldas. Nosotros, como los discípulos de Jerusalén, somos gente común.

¿Usa Dios a la gente normal y corriente?

Edith diría que sí.

Edith Hayes era una dinámica ancianita de ochenta años, de pelo blanco cada vez más escaso, cuerpo enjuto de poco más de metro y medio y una insaciable compasión por los pacientes de cáncer del sur de Florida. En 1979 yo acababa de salir del seminario y trabajaba en una oficina aún llena de cajas de libros por desempaquetar cuando ella entró y se presentó:

—Me llamo Edith y ayudo a los pacientes de cáncer.

Ella tendió su mano y yo le ofrecí una silla. Edith, educadamente, la declinó.

—Estoy demasiado ocupada. Verás a mi equipo aquí en la iglesia cada martes por la mañana. Puedes venir si quieres, pero, si vienes, te pondremos a trabajar.

Su equipo, como descubrí más adelante, estaba formado por casi un centenar de mujeres de cabello canoso que se ocupaban de la poco glamorosa tarea de curar llagas. Ellas hicieron de las heridas del cáncer su misión, cosiendo las gasas desechables que les traían cada martes en un camión y llevándolas después a los pacientes a lo largo de la semana.

Edith tenía alquilado un minúsculo apartamento, vivía de la pensión de su último marido, llevaba gafas que engrandecían sus pupilas y esquivaba los aplausos como se esquiva el fuego de artillería. Ella hubiera encajado perfectamente con Pedro y el resto de la banda.

Del mismo modo encajarían Joe y Liz Page, aunque su batallón tiene un objetivo diferente: conseguir ropa para los niños prematuros. Ellos transformaron una de nuestras clases de la iglesia en una fábrica de costureros voluntarios. A mí nunca se me había ocurrido pensar que la ropa tamaño muñeco fuera una necesidad, pero es que mis hijos no habían nacido pesando menos de un kilo y medio. Joe y Liz se aseguraron de que esos niños tuvieran algo que ponerse, incluso si sólo lo llevaban en su propio funeral.

Joe se había retirado del servicio militar. Liz había enseñado en la escuela una vez. Él tiene problemas cardíacos. Ella tiene deformidades en los pies. Pero ambos tienen fuego en el corazón por los niños más necesitados.

Al igual que Caleb. Él tiene nueve años. Juega a baloncesto, evita a las niñas y quiere que los niños de El Salvador tengan agua limpia para beber. Durante una clase de escuela dominical, su maestro les habló de la realidad de la vida en la pobrísima América Central. Por falta de agua limpia para beber, diariamente mueren niños por enfermedades que se podrían prevenir. Caleb se quedó atónito ante esa realidad y decidió pasar a la acción. Tomó los veinte dólares que había estado ahorrando para comprarse un nuevo videojuego, los dio para la causa y le dijo a su padre que se uniera. Él entonces retó a todo el personal del ministerio con niños de su iglesia a seguir su ejemplo. ¿El resultado? Suficiente dinero para cavar dos pozos de agua en El Salvador.

Edith, Joe, Liz y Caleb son gente normal. No levitan cuando andan ni ven ángeles cuando oran. No tienen un puesto en las Naciones Unidas o una solución al sufrimiento en Darfur. Pero abrazan firmemente esta convicción: Dios no llama a los cualificados, sino que cualifica a los que llama.

No dejes que Satanás te convenza de lo contrario. Él lo intentará. Te dirá que Dios pide un coeficiente intelectual X para llevar a cabo una determinada tarea. Te dirá que sólo emplea a especialistas y expertos, gobernantes y personas influyentes. Cuando Satanás susurra estas mentiras, recházale con esta verdad: Dios impactó a la sociedad del primer siglo con simples caballos salvajes, no con pura sangres. Antes de que Jesús viniera, los discípulos eran camioneros, entrenadores de futbol y vendedores de refrescos en una tienda de conveniencia. Eran obreros, con callos en las manos, y no hay ninguna evidencia de que Jesús les eligiera porque ellos eran más buenos o más listos que la persona que tenían al lado. La única cosa que habían tenido a su favor fue su disposición a dar un paso cuando Jesús les dijo: «Sígueme».

¿Te sientes más como un pequeño bote salvavidas que como un gran transatlántico? ¿Más como un doble que como la estrella de cine? ¿Más como un fontanero que como un ejecutivo? ¿Más como si llevaras tejanos azules en vez de ser de sangre azul? Felicidades. Dios cambia el mundo con gente como tú.

Si no lo crees, pregunta a las veintidós personas que viajaron a Londres una mañana de otoño de 2009 para darle las gracias a Nicholas Winton. Podrían haber pasado por un club social de retirados. Todos tenían entre setenta y ochenta años. La mayoría de los que aún tenían pelo, lo tenían de color gris. Caminaban arrastrando los pies y a paso lento.

Pero esto no era una visita social. Era un viaje para demostrar su gratitud. Vinieron para dar las gracias al hombre que había salvado sus vidas: un encorvado centenario que los recibió en un andén de la estación de tren tal como lo había hecho en 1939.

En esa época él era un corredor de bolsa de veintinueve años. Las tropas de Hitler estaban asolando Checoslovaquia, separando las familias judías y llevándose a los padres y madres a los campos de concentración. Nadie se preocupaba por los niños. Winton se enteró de su difícil situación y decidió ayudarles. Usó sus vacaciones para viajar a Praga, donde encontró a padres que, increíblemente, estaban deseando confiarle el futuro de sus hijos a su cuidado. Después de regresar a Inglaterra, trabajó en su oficio habitual en la bolsa de valores durante el día y abogando por los niños durante la noche. Convenció a Gran Bretaña para que permitiese su entrada. Encontró casas de acogida y levantó fondos. Entonces programó el primer viaje de aquellos niños para el 14 de marzo de 1939, y realizó siete viajes más en los siguientes cinco meses. Su último cargamento de niños llegó el 2 de agosto, elevando a un total de 669 los niños rescatados.

El 1 de septiembre debía tener lugar el viaje más numeroso, pero Hitler invadió Polonia, y Alemania cerró las fronteras en toda Europa. Ninguno de los 250 niños que iban en ese tren fue visto nunca más.

Después de la guerra, Winton no le contó a nadie sus esfuerzos para rescatar niños, ni siquiera a su esposa. En 1988 ella encontró un álbum en el desván con las fotos de todos los niños y un listado completo de los nombres. Le insistió mucho a su marido para que contara su historia. Tan pronto como lo hizo, los niños rescatados volvieron para decir *gracias*. El grupo de agradecidos incluye un director de películas, un periodista canadiense, un corresponsal de noticias, un primer ministro del gabinete británico, un editor de revistas y uno de los fundadores de las fuerzas aéreas israelíes. Hay alrededor de setecientos hijos, nietos y bisnietos que deben su existencia a la valentía de Winton. Él lleva un anillo que le regaló uno de los niños que salvó. Lleva inscrita una línea del Talmud, el libro de la ley judía: «Salva una vida. Salva el mundo».[1]

Otro tanto para la gente común.

Pues mirad, hermanos, vuestra vocación, que no sois muchos sabios según la carne, ni muchos poderosos, ni muchos nobles; sino que lo necio del mundo escogió Dios, para avergonzar a los sabios; y lo débil del mundo escogió Dios, para avergonzar a lo fuerte...

1 Corintios 1.26-27

Padre amoroso, tú me creaste, así que sabes muy bien que no soy más que polvo. Aun así, tú me has llamado a tu reino para servirte en este sitio, en este tiempo y para un propósito específico. A pesar de mi ordinariez, te pertenezco, ¡y tú eres todo menos ordinario! Ayúdame a derramar tu gracia y compasión sobre otros para que ellos, a su vez, puedan experimentar la riqueza de tu amor. A través de mí, Padre, muestra a otros cómo puedes usar una vida ordinaria para traer una bendición extraordinaria al mundo. En el nombre de Jesús, amén.

CAPÍTULO 3

Deja que Dios te quite la coraza

Les oímos hablar en nuestras lenguas las
maravillas de Dios.

HECHOS 2.11

¿Me dejas que te enseñe mi nueva coraza? Acaba de llegar. La vieja estaba muy gastada. Ya sabes que acaban muy usadas, y tan finas como la pared de un motel barato. La mía estaba tan desconchada que casi podía ver a través de ella. ¿Y el ruido? Ya no podía ni impedir que el gimoteo de un niño llegara hasta mí.

Así que compré este nuevo modelo. Un pedido especial, hecho a medida. La coraza más cara del mercado. Puedo ponerme de pie dentro de ella. Y sentarme. Y dormir en ella si quiero. Anda, ven, échale un vistazo al interior. ¿Ves esa repisa abatible a la izquierda? ¡Es un posavasos! Prueba los auriculares. Por si la insonorización de la propia coraza no fuera suficiente, puedo subir el volumen y olvidarme del mundo. Todo lo que tengo que hacer es entrar, agarrar el pomo de la puerta, tirar de él y cerrar.

Es mejor que una armadura, y gruesa como un tanque del ejército. Es como un búnker para el alma. Cuando estás en el interior, no existe ni el hambre ni los huérfanos. ¿Y la pobreza? Esta coraza viene de fábrica recubierta con una pantalla anti-tristeza. ¿Racismo? ¿Injusticia? Rebotan en la coraza como la lluvia en la espalda de una tortuga.

Déjame contarte lo bien que funciona esta monada. Esta mañana fui a la tienda de conveniencia a buscar un café y el periódico. Estaba esperando en la caja para pagar, pensando en mis cosas, cuando me fijé que el hombre que tenía delante estaba pagando con cupones. Llevaba una gorra de béisbol, pantalones militares anchos y chancletas, y llevaba a tres criaturas pegadas a sus rodillas. Estaba bastante cerca de él como para darme cuenta de su fuerte acento, así que le etiqueté como un inmigrante. Por lo general suelto una sonrisa burlona y encasillo a esta gente tan rápido como se dice «parásitos de la sociedad». Pero esta familia estaba empezando a llegarme al corazón. Las niñas eran realmente lindas, con esa piel de color café con leche y esos ojos con forma de almendra. Una de ellas me sonrió. Antes de darme cuenta yo también le estaba sonriendo.

Para ese entonces, la cajera negaba con la cabeza y le devolvía los cupones al hombre. Al parecer no alcanzaban para pagar toda la compra. El padre la miró confuso. Entonces un pensamiento me asaltó. *Yo puedo ayudarle.* Lo menos que me imaginaba era que se había liberado una nube de vaporosa amabilidad en la tienda. Mi cuerpo empezó a reaccionar. Se me hizo un nudo en la garganta. Se me humedecieron los ojos. Empecé a experimentar una rara sensación en mi pecho: *cardiopatía gelatinosa*, más conocida como bondad.

Entonces llegaron los reflejos involuntarios. Mi mano izquierda se levantó para mostrar mi buena voluntad. La otra mano buscó dinero en el bolsillo. Entonces fue cuando entré en razón y me di cuenta de lo que estaba pasando. Tenía un ataque de compasión. Inmediatamente levanté la tapa de mi coraza y me arrastré hacia el interior. Me di cuenta de que los otros compradores ya se habían puesto a cubierto. Me escapé por los pelos. ¿Qué habríamos hecho sin nuestras corazas?

No sé lo que haría sin la mía. Cuando las noticias hablan sobre los refugiados afganos, me meto dentro. Cuando aparece un sin techo con un letrero de cartón, simplemente cierro la tapa. Cuando los misioneros describen a las grandes multitudes de almas perdidas y solitarias, me arrastro hacia el interior. Para que te hagas una idea: justo la semana pasada alguien me habló de las regiones del mundo en donde no hay agua limpia. Sin mi coraza para protegerme, quién sabe qué podría haber hecho. ¡Podría incluso haber extendido un cheque!

Esto es un escudo. Tú probablemente tienes el tuyo propio. La mayoría de nosotros hemos aprendido a aislarnos del sufrimiento de los que sufren, ¿no es cierto? *¿Verdad?* Después de todo, ¿qué podemos hacer nosotros para paliar el hambre en Sudán, solucionar la difícil situación de los parados o acabar con la pandemia de la malaria?

Corazas. Las conseguimos honestamente. No pretendemos retirarnos del mundo o esconder la cabeza en un agujero. Queremos ayudar. Pero los problemas son inmensos (¿no dijiste 1,000 millones de pobres?), complejos (¿cuándo sabemos que la ayuda no es, de hecho, aún más perjudicial?) y serios (ya tengo suficientes problemas).

Eso es cierto. Todos tenemos nuestras cosas. Matrimonios que marchan a trompicones, ambiciones que no podemos llevar a cabo, cuentas bancarias en números rojos y corazones testarudos. ¿Cómo podemos cambiar el mundo si ni siquiera podemos cambiar nuestros malos hábitos? No tenemos lo que hay que tener para solucionar estos problemas. Es mejor arrastrarse dentro y cerrar la coraza, ¿no?

Lo hubieras pasado mal tratando de vender esa estrategia a la iglesia de Jerusalén. Al menos, después de que Dios les quitara la coraza en el día de Pentecostés.

Pentecostés era la jornada del año más atareada en Jerusalén: era la fecha de los tres días de fiesta en que todos los hombres judíos, en algún momento de sus vidas, debían ir a la ciudad. Viajaban desde Europa, Asia y África. Es difícil saber la población que había en las ciudades antiguas, pero algunos expertos sugieren que en esta época Jerusalén pasaba de los cien mil habitantes a un millón.[1] Sus calles estrechas iban llenas de gente de todos los colores, desde el ébano de Etiopía hasta el aceitunado de Roma. Una docena de dialectos resonaban en los muros de piedra, y el tesoro del templo rebosaba de oro y monedas.

Además estaba la gente del lugar. El carnicero y su carne. El tejedor de lana y su telar. El zapatero remendando sandalias. El sastre manejando su aguja. Sacerdotes vestidos de blanco y grotescos mendigos. Todos los elementos de la humanidad concentrados en el escaso kilómetro cuadrado que ocupa la ciudad de David.[2]

Y en algún lugar, allí en medio, los seguidores de Jesús estaban congregados orando. «Cuando llegó el día de Pentecostés, estaban todos unánimes juntos» (Hechos 2.1). Ésta es la primera referencia a la iglesia. Considera el lugar donde Dios puso a su gente. No estaban aislados en un desierto o encerrados en un búnker. No estaba separados de la sociedad, sino emplazados justo en el medio, en el corazón de una de las ciudades más grandes, y en el momento de mayor movimiento de todo el año. Y entonces, una vez que Dios los tuvo en el lugar donde les quería…

Y de repente vino del cielo un estruendo como de un viento recio que soplaba, el cual llenó toda la casa donde estaban sentados; y se les aparecieron lenguas repartidas, como de fuego, asentándose sobre cada uno de ellos. Y fueron todos llenos del Espíritu Santo, y comenzaron a hablar en otras lenguas, según el Espíritu les daba que hablasen (vv. 2-4).

El Espíritu Santo vino sobre ellos *de repente*; no de forma predecible, ni esperada, ni habitual, sino de repente.

Bienvenido al mundo de los Hechos y al «repentino» Espíritu de Dios, libre y soberano, nunca subordinado al calendario ni a las formas.

Fuego y viento ahora. Un terremoto que hace temblar las casas más tarde. Visitando a los samaritanos después del bautismo con agua. Derramándose sobre los gentiles antes del bautismo por agua. Y aquí, rugiendo como un tornado en medio de Jerusalén. «[El estruendo] llenó toda la casa» (v. 2) y se extendió por la calles. El sonido agudo, rápido y susurrante del viento.

El Espíritu vino, primero como viento, y después se apareció como pequeñas lenguas de fuego, «asentándose sobre cada uno de ellos» (v. 3). No fue una gran antorcha para toda la habitación, sino llamas individuales asentándose encima de cada persona.

Y entonces pasó lo más inesperado.

[Ellos] comenzaron a hablar en otras lenguas, según el Espíritu les daba que hablasen.

Moraban entonces en Jerusalén judíos, varones piadosos, de todas las naciones bajo el cielo. Y hecho este estruendo, se juntó la multitud; y estaban confusos, porque cada uno les oía hablar en su propia lengua. Y estaban atónitos y maravillados, diciendo: Mirad, ¿no son galileos todos estos que hablan? ¿Cómo, pues, les oímos nosotros hablar cada uno en nuestra lengua en la que hemos nacido? Partos, medos, elamitas, y los que habitamos en

Mesopotamia, en Judea, en Capadocia, en el Ponto y en Asia, en Frigia y Panfilia, en Egipto y en las regiones de África más allá de Cirene, y romanos aquí residentes, tanto judíos como prosélitos, cretenses y árabes, les oímos hablar en nuestras lenguas las maravillas de Dios. Y estaban todos atónitos y perplejos, diciéndose unos a otros: ¿Qué quiere decir esto? (vv. 4-12).

Visualiza este fenómeno. Imagínate una urbe cosmopolita como la ciudad de Nueva York. La Quinta Avenida está abarrotada de hombres de negocios, trabajadores y turistas de todo el mundo. Un mañana temprano, cuando la muchedumbre se dirige con ganas a su trabajo, el sonido del viento estremece todo el bulevar. El rugido es tan fuerte y recio que todos se paran en seco allí donde están como si esperaran ver un tren irrumpir en la avenida. Los taxistas y conductores de autobús frenan. El silencio cae sobre la ciudad, y sólo es interrumpido por las voces de un grupo reunido en Central Park. Ciento veinte personas hablan, cada una de ellas de pie bajo una llama de fuego diferente, cada una proclamando la bondad de Dios en una lengua distinta. Los presentes oyen su propio idioma. José, que es de España, oye hablar de la gracia de Dios en español. Mako, de Japón, oye el mensaje en japonés. El grupo que viene de Filipinas distingue el tagalo. Oyen distintas lenguas, pero un solo mensaje: las maravillas de Dios.

¡Quién pudiera haber vivido ese momento en Jerusalén! Andrés describiendo la gracia de Dios en egipcio. Tomás explicando el amor de Dios a los romanos. Bartolomé citando el salmo 23 a los cretenses. Juan relatando la historia de la resurrección de Jesús a los capadocios.

Algunos entre la multitud eran cínicos, y acusaban a los discípulos de estar bebidos ya de buena mañana. Pero otros estaban sorprendidos y preguntaban: «¿Qué quiere decir esto?» (v. 12).

Buena pregunta. Una ciudad abarrotada. Seguidores persistiendo en oración. Viento rápido y fuego que viene del cielo. Quince naciones representadas en una sola congregación. Los discípulos hablando como expertos traductores de las Naciones Unidas. ¿Qué podía significar esto?

Al menos una cosa: Dios ama a todas las naciones. Él ama a los iraquíes, los somalíes, los israelíes, los neozelandeses, los hondureños. Él siente una pasión al rojo vivo por cosechar a sus hijos de cada jungla, vecindario, pueblo y suburbio. «*Toda la tierra* será llena de la gloria del Señor (Números 14.21 LBLA). En los días de Josué, Dios llevó a su pueblo a Canaán «para que *todos los pueblos de la tierra* conozcan que la mano del Señor es poderosa» (Josué 4.24). David dijo: «cantad al Señor, *toda la tierra*… Contad su gloria entre las naciones, sus maravillas entre *todos los pueblos*» (Salmo 96.1-3 LBLA). Dios nos habló a través de Isaías: «Yo te pongo ahora como luz para las naciones, a fin de que lleves mi salvación hasta *los confines de la tierra*» (Isaías 49.6

NVI). Su visión para el final de la historia incluye «gente de *toda* raza, lengua, pueblo y nación» (Apocalipsis 5.9 NVI).

Dios desea proclamar su grandeza en todas las 6,909 lenguas que existen hoy en el mundo.[3] Él ama las subculturas: los gitanos de Turquía, los hippies de California, los vaqueros y los campesinos del oeste de Texas. Tiene compasión de moteros, excursionistas, ecologistas radicales, académicos, madres solteras y ejecutivos con traje de franela gris. Él ama todos los grupos de gente y nos prepara para ser su voz. Él acredita a simples galileos, nebrasqueños, brasileños y coreanos para hablar las lenguas de la gente del mundo. Nos enseña el vocabulario de las tierras lejanas, el dialecto de las personas desanimadas, la lengua vernácula del corazón solitario y el idioma de los jóvenes estudiantes. Dios equipa a sus seguidores para cruzar culturas y tocar los corazones.

Pentecostés hace esta promesa: si estás en Cristo, el Espíritu de Dios hablará a través de ti.

Deja que Dios te quite la coraza. Y cuando lo haga, «cada uno someta a prueba su propia obra, y entonces tendrá motivo de gloriarse sólo respecto de sí mismo» (Gálatas 6.4). No pierdas la oportunidad de descubrir cuál es tu lenguaje.

¿Con quién te sientes más cómodo? ¿Adolescentes? ¿Drogadictos? ¿Gente mayor? Puede que te sientas cohibido cuando estás con niños, pero que seas elocuente hablando con ejecutivos. Así es como Dios te diseñó. «Dios nos ha repartido sus dones entre

nosotros según su propio criterio, y a cada cual lo ha capacitado para llevar a cabo una función determinada» (Romanos 12.6 cst).

¿Por quién sientes más compasión? Dios no nos da la misma carga.[4] «El Señor mira desde los cielos, Él ve a todos los hijos de los hombres… *Modela el corazón de cada uno de ellos…*» (Salmo 33.13,15 lbla). ¿En qué ocasión se te rompe el corazón y tu pulso se acelera? ¿Cuando descubres a un sin techo? ¿Cuando caminas por el barrio pobre de la ciudad? ¿O cuando ves a las víctimas de la explotación sexual en Camboya? Ésta fue la tragedia que rompió los corazones de tres mujeres americanas.

Ernstena es la esposa de un pastor. Clara es una mujer de negocios. Jo Anne acababa de poner en marcha una organización de ayuda. Ellas viajaron a Camboya para animar a Jim-Lo, un amigo misionero. Él les guió a una parte de la ciudad donde la explotación sexual moderna discurre sin freno. Aproximadamente quince mil niñas estaban en venta. En ese momento, más de cien mil mujeres jóvenes en Camboya habían sido vendidas y forzadas a la prostitución. Jo Anne, Clara, Ernstena y Jim-Lo miraron las caras de las adolescentes, algunas incluso preadolescentes, y pudieron ver una historia devastadora en cada una de ellas. Empezaron a tomar fotos hasta que los traficantes les amenazaron con quitarles la cámara. Los cristianos no sabían qué podían hacer aparte de orar.

La sórdida avenida se convirtió en su Aposento Alto. *Señor, ¿qué quieres que hagamos? Esto nos sobrepasa.* Y empezaron a llorar.

Dios escuchó su oración y les dio algunas herramientas. Después de regresar a los Estados Unidos, Jo Anne escribió un artículo sobre su experiencia, que motivó a un lector a enviar una gran cantidad de dinero. Con este regalo, las tres mujeres formaron el ministerio World Hope International contra el tráfico de mujeres, y proveyeron de alojamiento a las muchachas que eran rescatadas o que escapaban de los burdeles y de las casas de venta. En sólo tres años fueron rescatados cuatrocientos niños, de edades comprendidas entre los dos y los quince años.

Cuando el Departamento de Estado de los Estados Unidos patrocinó un evento llamado «Tributo a los abolicionistas del siglo XXI», homenajearon a World Hope. Incluso le pidieron a una de las mujeres que orara. La oración que empezó en una calle de Camboya continuó delante de algunos de los gobernantes más influyentes del mundo.[5]

Es sorprendente lo que puede llegar a pasar si salimos de nuestra coraza.

[Dios] nos consuela en todas nuestras tribulaciones,
para que podamos también nosotros consolar a los
que están en cualquier tribulación, por medio de la
consolación con que nosotros somos consolados por Dios.

2 Corintios 1.4

Padre misericordioso, estoy profundamente agradecido de que tomaras la iniciativa de acercarte a mí, aun siendo yo pecador y egoísta, para llevarme a tu reino eterno a través de la obra de Cristo. No puedo entender tanto amor. Pero también, Padre, admito que demasiado a menudo intento esconder tu gracia, levantando muros que me protejan para no ser herido y conservar mis bendiciones. Confieso que soy como la almeja que se encierra en su concha, asustada de las amenazas del exterior. Señor, reconozco que me exhortas a quitarme esa coraza y a hacer equipo contigo en tu misión de amor. Quítame la coraza, Señor, para que yo también pueda llegar a toda la gente del mundo que está sola, desanimada y sin ninguna esperanza. En el nombre de Jesús, amén.

CAPÍTULO 4

No olvides el pan

Así Dios los perdonará y les dará el Espíritu Santo.

Esta promesa es para ustedes.

HECHOS 2.38-39 BLS

Mi esposa Denalyn me llamó por teléfono hace unos días mientras yo iba conduciendo hacia casa.

—¿Puedes parar en el supermercado y comprar un poco de pan?

—Sí, claro.

—¿Necesitas que te diga dónde está?

—¿Me tomas el pelo? Nací con un sistema de radar para encontrar el pasillo del pan.

—Está bien, sólo céntrate, Max.

Estaba nerviosa. Y con razón. Soy un auténtico desastre comprando en el supermercado. Mi madre una vez me envió a comprar crema y leche; compré crema de leche. Confundí un tubo de gomina con pasta de dientes. Pensé que la caja *exprés* era un sitio donde expresar tu opinión. Soy miembro fundador de la «Brigada de maridos que compran despistados». Me parezco al tipo que llegó a casa después de hacer la compra en el supermercado con un cartón de huevos, dos paquetes de harina, tres cajas de masa para pasteles, cuatro paquetes de azúcar y cinco latas de azúcar glasé. Su esposa miró las bolsas del supermercado y se lamentó: «¡No debí haber numerado la lista de la compra!»

Así que sabiendo que Denalyn contaba conmigo, aparqué el coche en el supermercado y entré por la puerta. De camino al pasillo del pan descubrí mis cereales favoritos y cogí una caja, cosa que hizo preguntarme si nos quedaba leche. Encontré una botella en la sección de lácteos. La leche fría trajo a mi mente imágenes de uno de los regalos más grandes que Dios ha hecho a la humanidad: las galletas de chocolate. El banquete celestial consistirá en mesas y mesas llenas de galletas de chocolate y leche. Pasaremos la eternidad mojando las galletas en la leche y sorbiendo ruidosamente a nuestro aire… De acuerdo, es suficiente.

Tomé un paquete de galletas, que por casualidad estaban en el otro lado del pasillo de las patatas fritas sabor barbacoa. ¡Qué maravilloso mundo es éste: las galletas y las patatas fritas sabor barbacoa juntas bajo el mismo techo! Camino de la caja, tomé un poco de helado. En unos minutos había llenado la cesta con todo lo esencial para una vida feliz y plena. Pagué y conduje hasta casa.

Denalyn miró lo que había comprado. Después me miró a mí. ¿Adivinas su pregunta? Venga, todos juntos: «¿Dónde está el pan?»

Regresé al supermercado.

Olvidé lo más importante. La única cosa que había ido a buscar. El producto esencial. Olvidé el pan.

¿Es posible que cometamos el mismo error en un terreno más importante? En un esfuerzo por hacer el bien, podemos llegar a distraernos. Alimentamos a la gente. Animamos, sanamos, ayudamos y servimos. Enderezamos los problemas raciales y la pobreza. Pero hay una tarea que debemos llevar a cabo. No podemos olvidarnos del pan.

Pedro no lo hizo.

Varones israelitas, oíd estas palabras: Jesús nazareno, varón aprobado por Dios entre vosotros con las maravillas, prodigios y señales que Dios hizo entre vosotros por medio de él, como vosotros mismos sabéis; a éste, entregado por el determinado consejo y anticipado conocimiento de Dios, prendisteis y matasteis por manos de inicuos, crucificándole; al cual Dios levantó, sueltos los dolores de la muerte, por cuanto era imposible que fuese retenido por ella (Hechos 2.22-24).

Pedro estaba respondiendo a la pregunta de la gente: «¿Qué quiere decir esto?» (2.12). El sonido veloz del viento, las imágenes del fuego, las súbitas habilidades lingüísticas de los discípulos… ¿Qué podían significar todos estos acontecimientos? Se puso en medio de la plaza llena de gente y procedió a presentar a Jesús a la multitud. Los habitantes de Jerusalén seguramente habían oído de Jesús. Era el protagonista del juicio y ejecución que acaparó los titulares hacía siete semanas. Pero, ¿conocían a Jesús? Una tras otra, Pedro fue lanzando tres señales dadas por Dios sobre Jesús.

1. «Jesús nazareno, varón aprobado por Dios entre vosotros con las maravillas, prodigios y señales que Dios hizo entre vosotros por medio de él» (v. 22).

   Los milagros de Jesús eran una prueba de su divinidad. Cuando Él sanaba cuerpos o alimentaba estómagos hambrientos, cuando daba órdenes a las olas del mar de forma tan natural como se las daría un general de cuatro estrellas a un soldado raso, cuando llamó a la vida al cuerpo muerto de Lázaro y devolvía la vista a los ojos del ciego; estos milagros eran señales de parte de Dios. Dios le dio a Jesús su aprobación.

2. «...a éste, entregado por el determinado consejo y anticipado conocimiento de Dios, prendisteis y matasteis por manos de inicuos, crucificándole» (v. 23).

   Dios consideró a Cristo digno de su misión más importante: ser entregado como sacrificio para toda la humanidad. No servía cualquiera para esto. ¿Cómo podía un pecador morir por otros pecadores? Imposible. El Cordero de Dios tenía que ser perfecto, sin mancha y sin pecado. Cuando los romanos colgaron a Jesús en la cruz, Dios le estaba señalando como la única persona sin pecado que

jamás había andado sobre la tierra, el único cualifi-
cado para cargar «nuestros pecados en su cuerpo»
(1 Pedro 2.24). La cruz, un instrumento de vergüenza, fue de hecho el distintivo del honor, un
distintivo otorgado una sola vez, a un solo hombre,
Jesús de Nazaret. Pero Dios no le dejó en la tumba.

3. «[Dios] liberándolo de los horrores de la muerte,
le devolvió la vida, porque era imposible que la
muerte lo retuviera» (Hechos 2.24 CST).

En la profundidad del oscuro sepulcro de José de
Arimatea, detrás de la roca sellada y asegurada por
los romanos, en medio de los dormidos muertos y
del silencio de las tumbas de los judíos, Dios hizo
su mayor obra. Habló al cuerpo muerto de su Hijo
encarnado. Con los demonios del infierno y los
ángeles del cielo como público, Él instó a la Rosa de
Sarón a levantar su cabeza, al León de Judá a extender sus garras, a la brillante estrella de la mañana a
no dejar de brillar jamás, al Alfa y Omega a ser el
principio de la vida y el final de la tumba. «Dios lo
resucitó, librándolo de las angustias de la muerte,
porque era imposible que la muerte lo mantuviera
bajo su dominio» (v. 24 NVI).

Me imagino a Pedro haciendo una pausa en este punto
de su sermón. Puedo oír el eco de sus palabras en las piedras

de Jerusalén. «La muerte no es obstáculo para él... para él... para él...». Entonces, por unos segundos, se quedó callado en silencio. Pedro paró y buscó entre las caras, sus ojos negros desafiando a alguien a retar su afirmación. Un sacerdote, un soldado, un cínico; alguien, cualquiera, que cuestionara sus palabras. «Estás loco, Simón. Ven, deja que te lleve a la tumba propiedad de José de Arimatea. Vamos a mover de nuevo la piedra y a desenvolver el cadáver en descomposición de Jesús y finalicemos estos disparates de una vez por todas».

¡Menuda oportunidad para cualquiera de destruir el cristianismo en sus albores! Pero nadie desafió a Pedro. Ningún fariseo puso objeciones. Ningún soldado protestó. Nadie habló, porque nadie tenía el cuerpo. Nadie habló, porque nadie tenía el cuerpo: el Verbo no estaba allí.

La gente empezó a darse cuenta de su error. La gravedad de su crimen se apoderó de ellos como la letanía de un canto fúnebre. Dios vino a su mundo, y ellos le mataron. Ésta era la idea central del sermón de Pedro: «Ustedes mataron a Dios». «Dios les dio señales... a ustedes... Todos lo saben... Le tomaron y le mataron». Ustedes. Ustedes. Ustedes. En tres ocasiones Pedro señaló con un dedo imaginario, si no real, a la multitud.

La pregunta del momento cambió. «¿Qué quiere decir esto?» (una pregunta hecha con la cabeza) pasó a ser «¿Qué haremos?» (una pregunta hecha con el corazón). «Varones hermanos, ¿qué haremos?» (v. 37).

Se acercaron para oír la respuesta de Pedro. Había mucho en juego. ¿Qué pasaría si él decía «Es demasiado tarde»? ¿O

«Ya tuvieron su oportunidad»? ¿O «Deberían haber escuchado la primera vez»?

Pedro, seguramente con los brazos extendidos y los ojos llenos de lágrimas, les invitó:

> Arrepentíos, y bautícese cada uno de vosotros en el nombre de Jesucristo para perdón de los pecados; y recibiréis el don del Espíritu Santo. Porque para vosotros es la promesa, y para vuestros hijos, y para todos los que están lejos; para cuantos el Señor nuestro Dios llamare (vv. 38-39).

Más tarde Pedro hablaría sobre la pobreza. La iglesia pronto abordaría los asuntos de las viudas, la enfermedad y la intolerancia. Pero aún no. El primer punto que aparecía en el primer sermón de la iglesia fue éste: el perdón de todos nuestros pecados. Pedro repartió el pan.

¿Me permitirías hacer lo mismo? Antes de pasar otra página en la historia de los Hechos, ¿considerarías la oferta de Jesús? «Yo soy el pan de vida; el que a mí viene, nunca tendrá hambre» (Juan 6.35).

El proceso que el grano necesita para convertirse pan es muy exigente. La semilla debe ser plantada antes de que pueda crecer. Cuando el grano está maduro, debe cortarse y molerse hasta ser convertido en harina. Antes de que llegue a ser pan, debe pasar por el horno. El pan es el resultado de plantar, cosechar y calentar.

Jesús soportó un proceso idéntico. Nació en este mundo. Fue cortado, magullado y golpeado en el trilladero del Calvario. Pasó a través del fuego de la ira de Dios, para nuestro bien. Él «padeció una sola vez por los pecados, el justo por los injustos, para llevarnos a Dios» (1 Pedro 3.18).

¿Pan de vida? Jesús estuvo a la altura del título. Pero un pan que no se come no hace bien a nadie. ¿Has recibido el pan? ¿Has recibido el perdón de Dios?

Nosotros apreciamos el perdón, ¿verdad? Pensé en el perdón hace unas cuantas tardes en una carretera del sur de Texas con muchas cuestas, curvas y giros. La conozco bien. Ahora también conozco al policía que la vigila.

Y él ahora también me conoce a mí. Miró mi permiso de conducir.

—¿Por qué su nombre me resulta familiar? ¿Es usted pastor aquí en San Antonio?

—Sí, señor.

—¿Va de camino a un funeral?

—No.

—¿Una emergencia, tal vez?

—No.

—Estaba usted circulando a una velocidad escandalosa.

—Lo sé.

—Le voy a decir qué voy a hacer. Voy a darle una segunda oportunidad.

Yo suspiré aliviado.

—Gracias. Y gracias por darme una anécdota digna de un sermón sobre el perdón.

Dios ha puesto sus señales de tráfico allí donde miremos. En el universo, en las Escrituras, incluso dentro de nuestros propios corazones, aunque nosotros insistimos en no hacer caso de sus indicaciones. Pero Dios no nos da lo que merecemos. Él ha empapado su mundo con su gracia. No tiene final. No conoce límites. Da poder a esta vida y nos capacita para vivir la siguiente. Dios ofrece segundas oportunidades, al igual que un comedor de beneficencia da de comer a todo el que lo pide.

Y eso te incluye a ti. Asegúrate de que recibes el pan.

Y una vez que lo hayas hecho, pásalo. Después de todo, si nosotros no lo hacemos, ¿quién lo hará? Los gobiernos no alimentan las almas. Los hospicios pueden proporcionar una cama, una comida y consejos valiosos. Pero nosotros podemos dar mucho más. No sólo ayuda para esta vida, sino esperanza para la siguiente.

Arrepentíos, y bautícese cada uno de vosotros en el nombre de Jesucristo para perdón de los pecados; y recibiréis el don del Espíritu Santo. Porque para vosotros es la promesa, y para vuestros hijos, y para todos los que están lejos; para cuantos el Señor nuestro Dios llamare (Hechos 2.38-39).

Así que, juntamente con los vasos de agua, platos de comida y botes de medicinas, comparte el mensaje de los pecados perdonados y la muerte vencida.

Recuerda el pan.

Que Dios estaba en Cristo reconciliando consigo
al mundo, no tomándoles en cuenta a los hombres
sus pecados, y nos encargó a nosotros la palabra de
la reconciliación. Así que, somos embajadores en
nombre de Cristo, como si Dios rogase por medio
de nosotros; os rogamos en nombre de Cristo:
Reconciliaos con Dios. Al que no conoció pecado, por
nosotros lo hizo pecado, para que nosotros fuésemos
hechos justicia de Dios en él.

2 Corintios 5.19-21

Mi bendito Salvador y Señor, te alabo por darme el pan de vida en abundancia, incluso aunque yo sólo mereciera el polvo de la muerte. En tu amor, cambiaste mi oscuridad con tu luz, mi miedo con tu seguridad y mi desesperación con tu esperanza. Recuérdame cada día, Padre, que el pan de vida que tengo en Jesús viene a mí por tu gracia y a través de tu amor, y que cuando digo a los demás dónde pueden encontrar y tomar parte de ese mismo pan maravilloso, eso deleita tu generoso corazón. Te pido que me conviertas en un entusiasta embajador de Cristo Jesús. Transforma mi miedo en audacia para que las calles del cielo se llenen con hombres y mujeres que aman al Salvador, en parte porque ellos oyeron por primera vez de su gracia y misericordia de mis labios. En el nombre de Jesús, amén.

CAPÍTULO 5

Trabaja en equipo

Todos los que habían creído estaban juntos.

HECHOS 2.44

En 1976 los terremotos devastaron las tierras altas de Guatemala. Miles de personas murieron, y decenas de miles se quedaron sin casa. Un filántropo se ofreció a patrocinar un equipo de ayuda de nuestra universidad. Este folleto fue colgado en nuestro dormitorio: «Se necesitan estudiantes que quieran usar sus vacaciones de primavera para construir casas de hormigón en Quetzaltenango». Yo me presenté, fui aceptado y empecé a asistir a las sesiones de orientación.

En total éramos doce. La mayoría estudiantes para pastores. Parecía que a todos nos encantaba discutir sobre teología. Aún éramos lo suficientemente jóvenes en nuestra fe para creer que teníamos todas las respuestas. Esto sirvió para tener animadas discusiones. Bromeábamos sobre un montón de temas controvertidos. No puedo recordarlos todos, pero la lista incluía temas habituales como los dones carismáticos, el fin de los tiempos, estilos de adoración y estrategias de iglesia. Para cuando llegámos a Guatemala, habíamos tratado todos los temas polémicos y mostrado nuestros verdaderos caracteres. Yo había distinguido los fieles de los infieles, los sanos de los herejes. Sabía quien estaba dentro y quien estaba fuera.

Pero pronto todo eso fue olvidado. La destrucción causada por el terremoto hizo que nuestras diferencias parecieran diminutas. Pueblos enteros habían sido arrasados. Los niños vagaban entre los escombros. Largas colas de gente herida esperaban atención médica. De repente nuestras opiniones parecían insignificantes. El desastre exigía trabajo en equipo. El desafío creó un equipo.

La tarea convirtió a rivales en compañeros. Recuerdo a un tipo en particular. Él y yo teníamos claras diferencias de opinión respecto a los estilos de música para la adoración. Yo, el pensador relevante y sin prejuicios, era partidario de la música contemporánea, más animada. Él, el hombre de las cavernas pelma y cerrado, defendía los himnos y los himnarios. Pero cuando apilábamos ladrillos para las casas, ¿adivinan quién trabajaba codo con codo? Y cuando lo hicimos empezamos a cantar juntos. Cantamos canciones viejas y nuevas, lentas y rápidas. Sólo más tarde me di cuenta de la ironía. Nuestro interés común nos dio una canción en común.

Éste había sido siempre el plan de Jesús. Ninguno de nosotros puede hacer solo lo que podemos hacer todos nosotros juntos. ¿Recuerdas su comisión a los discípulos?

«Y me seréis [todos colectivamente] testigos» (Hechos 1.8).
Jesús no hizo nombramientos individuales. No hizo arrodillar
a uno por uno en fila y les hizo caballeros individualmente.

«Tú, Pedro, serás mi testigo…»

«Tú, Juan, serás mi testigo…»

«Tú, María Magdalena, serás mis testigo…»

Más bien fue algo así como: «Ustedes [la suma de todos
ustedes] serán mis testigos…». Jesús trabaja en comunidad.
Por esta razón no encontramos pronombres personales ni
verbos en singular en la primera descripción de la iglesia:

> Y perseveraban en la doctrina de los apóstoles, en la
> comunión unos con otros, en el partimiento del pan y en
> las oraciones.
>
> Y sobrevino temor a toda persona; y muchas maravi-
> llas y señales eran hechas por los apóstoles. Todos los que
> habían creído estaban juntos, y tenían en común todas
> las cosas; y vendían sus propiedades y sus bienes, y lo
> repartían a todos según la necesidad de cada uno. Y per-
> severando unánimes cada día en el templo, y partiendo el
> pan en las casas, comían juntos con alegría y sencillez de
> corazón (Hechos 2.42-46).

Los nombres, pronombres y verbos en plural son los
invitados especiales en este texto.

«*Perseveraban*».

«Sobrevino temor *a toda persona*».

«*Todos los que habían creído* estaban juntos, y tenían en común todas las cosas».

«Vendían *sus* propiedades y *sus* bienes, y lo repartían».

«Y perseverando unánimes cada día en el templo, y partiendo el pan en las casas, *comían* juntos».

No hay ningún *yo*, *tú* o *mío*. No hay verbos en singular. Estamos en esto juntos. Somos más que seguidores de Jesús, más que discípulos de Cristo. «Somos miembros de su cuerpo» (Efesios 5.30). «Y él es la cabeza del cuerpo que es la iglesia» (Colosenses 1.18). Yo no soy su cuerpo; tú no eres su cuerpo. Nosotros, juntos, somos su cuerpo.

Pero este cuerpo ha sido conocido por portarse mal. El cerebro no tiene en cuenta al corazón. (Los teólogos no tienen en cuenta a los que nunca han pisado un seminario.) Las manos critican las rodillas. (La gente de acción critica a la gente de oración.) Los ojos rechazan hacer equipo con los pies. (Los visionarios no trabajarán con los peones.)

Un caso claro de amotinamiento del cuerpo.

Si dijere el pie: Porque no soy mano, no soy del cuerpo, ¿por eso no será del cuerpo? Y si dijere la oreja: Porque no soy ojo, no soy del cuerpo, ¿por eso no será del cuerpo? Si todo el cuerpo fuese ojo, ¿dónde estaría el oído? Si todo fuese oído, ¿dónde estaría el olfato? Mas ahora Dios ha colocado los miembros cada uno de ellos en el cuerpo, como él quiso (1 Corintios 12.15-18).

Seguramente los primeros cristianos se reían con estas descripciones visuales. ¿Qué pasaría si todo el cuerpo fuera ojo? Si sólo fueras una serie de globos oculares, ¿cómo funcionarías? Cinco ojos en tu mano, que también es un ojo, pegados a un brazo en forma de ojo, pegado a su vez a un torso en forma de ojo que se extiende en un cuello en forma de ojo, y... ¡Sólo pensar en esto ya es absurdo!

Tendrías que bañarte en colirio. Pero tampoco podrías bañarte, porque no tendrías manos.

«Ni el ojo puede decir a la mano: No te necesito» (v. 21).

No podemos decir «No te necesito». La mega-iglesia necesita a la pequeña iglesia. Los liberales necesitan a los conservadores. El pastor necesita a los misioneros. La cooperación es más que una buena idea, es una orden. «Solícitos en guardar la unidad del Espíritu en el vínculo de la paz» (Efesios 4.3). A Dios le importa la unidad. «Serán un rebaño con un solo pastor» (Juan 10.16).

¿Qué pasaría si el ingrediente que falta para cambiar el mundo es el trabajo en equipo? «Otra vez os digo, que si dos de vosotros se pusieren de acuerdo en la tierra acerca de cualquiera cosa que pidieren, les será hecho por mi Padre que está en los cielos. Porque donde están dos o tres congregados en mi nombre, allí estoy yo en medio de ellos» (Mateo 18.19-20).

Ésta es una promesa asombrosa. Cuando los creyentes están de acuerdo, Jesús toma nota, se hace ver y escucha nuestra oraciones.

¿Y qué pasa cuando los creyentes no están de acuerdo? ¿Podemos volver a mis recuerdos de Guatemala por un momento?

Supón que nuestro grupo se hubiera juntado de acuerdo a nuestras opiniones. Dividido conforme a nuestras doctrinas. Si hubiéramos hecho de la unanimidad un requisito esencial para formar equipo, ¿puedes imaginarte las consecuencias? No hubiéramos logrado nada. Cuando los trabajadores se dividen, los que necesitan ayuda son los que lo pasan peor.

¿No piensan que ellos ya han padecido bastante? La iglesia de Jerusalén encontró un modo de trabajar todos juntos. Encontraron un terreno común en la muerte, sepultura y resurrección de Cristo. Y al hacerlo, muchas vidas cambiaron.

Y cuando tú y yo lo hagamos, pasará lo mismo.

Ayudaremos a más y más gente, personas como José Ferreira. Él dirige una pequeña farmacia en un barrio bajo de Río de Janeiro, Brasil. Realmente no es más que un cobertizo y un mostrador hechos de hojalata, pero como vende medicinas, ostenta un letrero pintado a mano que dice «Farmacia». Empezó su negocio con una inversión de tres dólares en suministros médicos que compró en una farmacia más grande en el centro de la ciudad. Cuando ha vendido todas las medicinas, cierra su tienda, camina hacia la parada de autobús más cercana y viaja una hora para llegar a la farmacia más grande y comprar más stock.

Para cuando regresa ya es de noche, así que espera hasta la mañana siguiente y repite el ciclo: abre, vende el producto, cierra la tienda y se desplaza para comprar existencias. Algunos días hace esto dos veces. Al estar su tienda tanto tiempo cerrada como abierta, apenas puede obtener beneficios. Él y su familia viven detrás del cobertizo y subsisten con el equivalente de tres dólares al día. Si la lluvia inunda la favela y se lleva por delante su chabola, lo perderá todo. Si uno de sus hijos enferma de dengue, seguramente no tendrá dinero para medicinas. José lo sabe. Pero, ¿qué puede hacer? Habita en el mundo sin oportunidades de los pobres.

Pero mientras José está luchando en Río, Dios está trabajando en Londres. Un taxista de buen corazón llamado Thomas lee un artículo en una revista. Éste detalla el fascinante proceso de las microfinanzas. Las microfinanzas son pequeños préstamos a gente pobre para que ellos puedan incrementar sus ingresos y reducir su vulnerabilidad ante las situaciones imprevistas. Thomas no es rico, pero se siente bendecido. Felizmente ayudaría a una persona que quisiera emprender un negocio al otro lado del mundo. Pero, ¿cómo puede hacerlo? ¿Puede un taxista británico ayudar a un comerciante brasileño? Mediante las organizaciones de microfinanzas puede hacerlo.

Así que lo hace.

Unos cuantos días después, a José le ofrecen un micro-crédito de cincuenta dólares. Para poder recibirlo, sin embargo, debe unirse a un grupo de otros seis prestatarios, todos hombres de negocios de su vecindario. Cada uno recibe un préstamo, pero cada miembro del grupo avala a su vez los créditos de los otros miembros. En otras palabras, si José no devuelve el dinero, sus amigos tendrán que dar la cara por él. La misma presión se convierte en algo positivo.

José hace un buen uso de su préstamo. Con el capital extra puede reducir sus viajes para comprar a uno a la semana, y mantener su tienda abierta todo el día. Después de dos años de hacer crecer su negocio y devolver su préstamo, ahorra mil dólares, compra una parcela de terreno en la favela y está acumulando bloques de hormigón para construir una casa.[1]

¿Cómo pasó esto? ¿A quién usó Dios para ayudar a José Ferreira? A un taxista. Una organización humanitaria. Vecinos que vivían en la misma favela. Todos ellos trabajaron juntos. ¿No es así como Dios trabaja?

Así es como Él trabajó en Jerusalén. La congregación es un microcosmos del plan de Dios. Nadie puede hacerlo todo, pero todos pueden hacer algo. Y cuando lo hacemos, frases como éstas serán leídas más a menudo: «Y con gran poder los apóstoles daban testimonio de la resurrección del Señor Jesús, y abundante gracia era sobre todos ellos. Así que *no había entre ellos ningún necesitado*» (Hechos 4.33-34).

Nuestra única esperanza es trabajar unidos.

Hace unos años, un periodista que cubría el conflicto en Sarajevo vio como una niña pequeña era abatida por un francotirador. La parte posterior de su cabeza había sido destrozada por la bala. El reportero tiró al suelo su bloc y su lápiz, y dejó de ser periodista por unos minutos. Corrió hacia el hombre que estaba sosteniendo la niña y les ayudó a subir a su coche. Mientras el reportero pisaba el acelerador, corriendo hacia el hospital, el hombre que sujetaba la niña, que seguía sangrando, dijo: «Date prisa, amigo. Mi hija aún está viva».

Unos momentos después suplicó: «Date prisa, amigo. Mi hija aún respira».

Un poco más tarde dijo: «Date prisa, amigo. Mi hija aún está tibia».

Finalmente dijo: «Date prisa. Oh, Dios mío, mi hija se está enfriando».

Cuando llegaron al hospital, la pequeña niña había muerto. Mientras los dos hombres estaban en el lavamanos, limpiándose la sangre de las manos y de sus ropas, el hombre se giró hacia el reportero y dijo:

—Ésta es una terrible tarea para mí. Debo ir y decirle al padre de esta niña que su hija ha fallecido. Se le romperá el corazón.

El reportero se sorprendió. Miró al afligido hombre y dijo:

—Pensaba que era su hija.

El hombre miró atrás y dijo:

—No, pero, ¿no son todos ellos nuestros hijos?[2]

Es más. Aquellos que sufren nos pertenecen a todos. Y si todos respondemos, aún hay esperanza.

Mejores son dos que uno;

porque tienen mejor paga de su trabajo.

Porque si cayeren,

el uno levantará a su compañero;

pero ¡ay del solo! que cuando cayere, no habrá

segundo que lo levante.

Eclesiastés 4.9-10

Oh Dios, siempre que me dirijo a ti como «*nuestro* Padre», hazme recordar que he sido llamado a formar parte de una comunidad sagrada. No me llamaste para permanecer aislado, sino que me pusiste en el cuerpo de Cristo, junto a cualquier otro creyente en Jesús a lo largo del mundo y en todas las épocas. Por favor, dame la gracia para actuar bajo la certeza de que nos creaste para crecer como equipo, para trabajar como equipo, para adorar como equipo y para llorar, reír y vivir como equipo. Concédeme la sabiduría y la fuerza para trabajar junto a ti y junto a mis hermanos y hermanas en Cristo para hacernos cargo de las necesidades que pongas ante nosotros. Por los méritos de Jesús y en su nombre oramos, amén.

CAPÍTULO 6

Abre tu puerta, abre tu corazón

*Y partiendo el pan en las casas, comían
juntos con alegría y sencillez de corazón.*

HECHOS 2.46

Si una voz pudiese ser una estación del año, la suya sería la primavera. «Hola», canturreó. «Gracias por llamar». Necesitaba una cálida bienvenida. Estaba lloviendo a cántaros. Los relámpagos habían provocado apagones y las tormentas estaban provocando atascos de tráfico. Las noticias advertían a los conductores que no salieran a la carretera. Pero yo tenía que tomar un vuelo.

Así que llamé a la compañía aérea. Ellos sabrían si el vuelo iba con retraso o si se había cancelado. Ellos serían la calma en medio de la tempestad. Y por un momento, lo que dura el aleteo de una mariposa, ella lo fue. «Hola, gracias por llamar...»

Pero entonces pasó. Antes de que pudiera devolverle las gracias, la voz continuó: «Por su seguridad, esta llamada puede ser grabada...»

Otra vez no.

Los antiguos marineros temían caer por el borde de la tierra. Nuestros antepasados pioneros tenían pavor de las ventiscas cegadoras. Algunos de nuestros padres conocían el terror de enfrentarse al fuego de artillería nazi. Pero ninguno de nuestros ancestros tuvo que hacer frente a lo que tú y yo nos enfrentamos: el Triángulo de las Bermudas del servicio telefónico informatizado.

«Marque el uno», dijo, «para vuelos nacionales».

«Marque el dos para vuelos internacionales».

«Marque el tres si sabe su número de vuelo y el nombre de su diputado en el Congreso».

«Marque el cuatro si es un viajero frecuente de la zona horaria central y no tiene hijos».

«Marque el cinco si los nueve dígitos de su número del Seguro Social suman más de sesenta…»

¡Fue todo lo que pude aguantar! Finalmente marqué un número, y no quieras saber lo que pasó. Cometí el equivalente del haraquiri telefónico: me pusieron en espera. En un futuro inmediato sería atrapado en la caverna subterránea de los cables, condenado a escuchar durante horas a Kenny G. y Barry Manilow.

¡Ay, si hubiera escuchado una voz humana, si hubiera hablado con una persona de verdad! ¿Soy yo, o el contacto humano se está extinguiendo igual que el leopardo de las nieves? Había un tiempo en el que cada actividad estimulaba una conversación. Llevar al coche a la revisión te hacía saludar al encargado. Ingresar un cheque en el banco servía para hablar con el cajero sobre el tiempo. Comprar un regalo implicaba hablar con el dependiente. Ahora no. Puedes llenar el depósito con la tarjeta de crédito, hacer ingresos *on-line* y comprar los regalos por Internet. Puedes pasar un día entero haciendo compras y nunca decir *hola*.

Llámanos sociedad rápida o sociedad eficiente, pero no nos llames sociedad personal. Nuestra sociedad está acondicionada al aislamiento. Llevamos auriculares cuando hacemos ejercicio. Nos comunicamos vía e-mail y mensajes de texto. Entramos y salimos de nuestras casas por puertas y verjas automatizadas. Nuestro mantra es: «Yo te dejo en paz. Tú me dejas en paz».

Pero Dios quiere que su gente sea una excepción. Deja que todos los demás vayan por el camino de los ordenadores y los teclados. Los hijos de Dios serán gente hospitalaria.

Hace mucho tiempo en la iglesia había púlpitos y bautisterios, cocinas y mesas de comedor. «Y perseverando unánimes cada día en el templo, y partiendo el pan en las casas, comían juntos con alegría y sencillez de corazón» (Hechos 2.46). «Y día tras día, en el templo y de casa en casa, no dejaban de enseñar y anunciar las buenas nuevas de que Jesús es el Mesías» (Hechos 5.42 NVI).

Incluso una lectura informal del Nuevo Testamento revela que las casas eran la herramienta primaria de la iglesia. «Al amado Filemón, colaborador nuestro… y a la iglesia que está en tu casa» (Filemón vv. 1-2). «Saludad a Priscila y a Aquila… Saludad también a la iglesia de su casa» (Romanos 16.3, 5). «Saludad a los hermanos que están en Laodicea, y a Ninfas y a la iglesia que está en su casa» (Colosenses 4.15).

No es ninguna sorpresa que los ancianos fueran «hospitalarios» (1 Timoteo 3.2 NVI). El primer lugar de reunión de la iglesia fue el hogar.

Piensa en la genialidad del plan de Dios. La primera generación de cristianos era un compendio de culturas y trasfondos contrastados. Al menos quince nacionalidades distintas escucharon el sermón de Pedro el día de Pentecostés. Los judíos estaban de pie al lado de los gentiles. Los hombres adoraban con las mujeres. Los esclavos y los amos buscaban parecer iguales después de Cristo. ¿Pueden personas de tan distintos trasfondos y culturas llevarse bien entre ellas?

Hoy en día nos preguntamos lo mismo. ¿Pueden los hispanos vivir en paz con los anglosajones en Estados Unidos? ¿Pueden los demócratas encontrar un terreno común con los republicanos? ¿Puede una familia cristiana mantener una amistad cortés con la pareja musulmana que vive un poco más allá? ¿Puede la gente que piensa diferente llevarse bien?

La primera iglesia lo hizo, y sin la ayuda de santuarios, iglesias edificadas, clero o seminarios. Ellos lo hicieron a través del más claro de los mensajes (la cruz) y la más simple de las herramientas (una casa).

No todo el mundo puede servir en una tierra lejana, liderar un equipo de ayuda o trabajar como voluntario en el comedor de beneficencia del centro de la ciudad. Pero, ¿quién no puede ser hospitalario? ¿Tienes puerta de entrada? ¿Mesa? ¿Sillas? ¿Pan y embutido para hacer bocadillos? ¡Enhorabuena! Te has calificado para servir en el más antiguo de los ministerios: la hospitalidad. Puedes unirte a grupos de gente como...

Abraham. Él alimentó, no sólo a ángeles, sino al Señor de los ángeles (Génesis 18).

Rahab, la ramera. Ella recibió y protegió a los espías. Gracias a su amabilidad, su familia sobrevivió y su nombre es recordado (Josué 6.22-23; Mateo 1.5).

Marta y María. Ellas abrieron su casa para Jesús. Él, a su vez, abrió la tumba de Lázaro para ellas (Juan 11.1-45; Lucas 10.38-42).

Zaqueo. Él le dio la bienvenida a Jesús a su mesa. Y Jesús le dio la salvación como regalo de agradecimiento (Lucas 19.1-10).

¿Y qué hay sobre el mayor ejemplo de todos, el «cierto hombre» de Mateo 26.18? El día antes de su muerte, Jesús les dijo a sus seguidores: «Y él dijo: Id a la ciudad a cierto hombre, y decidle: El Maestro dice: Mi tiempo está cerca; en tu casa celebraré la pascua con mis discípulos».

¿Te hubiera gustado ser la persona que abrió su casa para Jesús? Aún puedes. «Les aseguro que todo lo que hicieron por uno de mis hermanos, aun por el más pequeño, lo hicieron por mí» (Mateo 25.40 NVI). Cuando recibes a extraños en tu mesa, estás recibiendo a Dios mismo.

Alrededor de una mesa de comedor pasa algo sagrado que jamás pasará en un santuario. En el auditorio de una iglesia sólo ves la parte de atrás de la cabeza de la gente. Alrededor de la mesa ves las expresiones de la cara. En el auditorio sólo habla una persona; en la mesa todos tienen voz. Los servicios de la iglesia tienen horarios. Alrededor de la mesa hay tiempo para hablar.

La hospitalidad abre la puerta a una comunidad fuera de lo común.

No es casualidad que *hospitalidad* y *hospital* procedan de la misma palabra en latín, porque ambas llevan al mismo resultado: curación. Cuando le abres la puerta a alguien, estás mandando este mensaje: «Nos importas a mí y a Dios». Puede que pienses que lo que estás diciendo sea: «Ven a hacernos una visita». Pero lo que tu invitado oye es: «Valgo la pena».

¿Conoces a gente que necesita este mensaje? ¿Solteros que comen solos? ¿Parejas jóvenes que están lejos de casa? ¿Compañeros de trabajo que han sido trasladados, adolescentes que se sienten excluidos y personas mayores que ya no pueden conducir? Algunas personas pasan el día entero sin tener un contacto verdaderamente significativo con nadie. Tu hospitalidad puede ser su hospital. Todo lo que necesitas son unas cuantas indicaciones básicas.

Haz una invitación genuina. Haz saber a tus invitados que quieres que vengan. Llámalos por teléfono o pásate a verles en el trabajo. ¿Son vecinos? Llama a su puerta y di:

«Nos encantaría que se unieran a nosotros esta noche para cenar. Por favor, vengan». La gente está cansada de los muchos rechazos diarios que recibe. El médico no puede verles. Los hijos no han llamado. No hay plaza en ningún vuelo. Pero entonces tú les invitas a tu casa. *¡Tenemos sitio para ti!* Esto cambia vidas.

Haz de su llegada un gran acontecimiento. Que la familia entera esté en la puerta delantera, y ábrela cuando veas que se acercan. Si tienes camino de entrada, recíbeles allí. Si tu apartamento tiene vestíbulo, espérales allí. Éste es un momento muy valioso. ¡Uno de los hijos de Dios está viniendo a tu casa!

Suple las necesidades de tus invitados. La hospitalidad del primer siglo incluía lavar los pies. La hospitalidad de hoy en día incluye compartir la comida y la bebida. Tiempo para hablar y escuchar. Sin la televisión como ruido de fondo; sin música invasiva. Asegúrate de que todos tienen oportunidad de hablar. Dirígete a cada uno de los invitados y comparte los mejores momentos del día o lo que ha pasado esa semana. Como el buen pastor, preparamos una mesa y restauramos el alma.

Despídeles con una bendición. Deja claro que estás contento de que tus invitados vinieran. Ofrécete a orar para desearles un buen viaje de regreso y dales una palabra de ánimo.

El evento no necesariamente tiene que ser muy elaborado para ser significativo. No escuches esa vocecita que dice que todo debe estar perfecto. La casa debe estar perfecta. La porcelana debe estar perfecta. La comida. Los niños. El marido. Todo debe ser perfecto. Toallas perfumadas para los invitados, aperitivos calientes, caramelos de menta para después de la cena.

Si esperamos a que todo sea perfecto, jamás invitaremos a nadie. Recuerda esto: lo que es normal para ti, puede ser un banquete para otro. Puede que pienses que tu casa es pequeña, pero para un corazón solitario es un castillo. Puedes pensar que tu sala de estar está hecha un desastre, pero para la persona cuya vida es un desastre, tu casa es un santuario. Quizá piensas que la comida es demasiado sencilla, pero para aquellos que comen solos cada noche, carne de cerdo y vegetales servidos en platos de papel saben igual que un solomillo. Lo que es pequeño para ti es enorme para ellos.

Abre tu mesa.

Aun más, abre tu círculo. Asegúrate de invitar no sólo a las personas influyentes y exitosas, sino que «cuando hagas banquete, llama a los pobres, los mancos, los cojos y los ciegos; y serás bienaventurado» (Lucas 14.13-14).

La palabra griega para hospitalidad se compone de dos términos: amor y forastero. Literalmente significa amar al forastero. Todos nosotros podemos dar la bienvenida a un invitado al que conocemos y amamos. Pero, ¿podemos recibir a un forastero? Cada mañana en América se despiertan 39 millones de personas que viven en la pobreza.[1] En 2008, 17 millones de hogares tuvieron dificultades para proveer de comida a sus familias.[2] Aproximadamente 1.1 millones de niños vivían en hogares que experimentaban el hambre muchas veces a lo largo del año.[3] Y esto sólo en Estados Unidos, la nación más rica en la historia del mundo.

Cuando proporcionamos cupones para alimentos evitamos el hambre. Pero cuando invitamos al hambriento a nuestra mesa, tratamos asuntos tan profundos como son el valor y la autoestima. ¿Quién lo habría dicho? El arma secreta de Dios en la guerra contra la pobreza incluye tu mesa y la mía.

Hace unos meses estaba esperando delante de un semáforo rojo en un cruce muy transitado cuando me fijé en un hombre que caminaba hacia mi coche. Se apeó del bordillo, sorteó varios vehículos y empezó a hacerme señas. Llevaba un letrero de cartón debajo del brazo y una mochila atestada de cosas en la espalda. Sus tejanos eran anchos, su barba estaba desaliñada, y estaba gritando mi nombre. «¡Max! ¡Max! ¿Te acuerdas de mí?»

Yo bajé la ventanilla. Él sonrió y mostró su boca desdentada. «Aún recuerdo esa hamburguesa que me compraste». Entonces lo recordé. Hacía meses, quizá ya un año, en esta misma intersección, le había llevado a una hamburguesería que había en la esquina y donde juntos disfrutamos de una buena comida. Ese día él iba camino de California. «Estoy pasando por Texas otra vez», me dijo. El semáforo cambió y los coches empezaron a tocar el claxon. Yo arranqué, dejándole atrás saludándome y gritando: «¡Gracias por la hamburguesa, Max!»

Había olvidado por completo esa comida. Pero él no. No sabemos qué puede hacer una sola comida.

En una de las apariciones de Jesús después de su resurrección, él acompaña a dos de sus discípulos mientras van caminando de Jerusalén a su pueblo, Emaús. La prueba es un viaje de unos once kilómetros, la distancia usual que un hombre adulto y sano podía caminar. Conversaron durante todo el viaje. Jesús les dio una visión general de la Biblia, empezando con las enseñanzas de Moisés hasta llegar a los acontecimientos de sus días. Aun así, no le reconocieron.

Cuando se aproximaban a su pueblo, Jesús actúa como si fuera a continuar su camino. No se nos dice cómo lo hizo. Quizá sacó su agenda de bolsillo y murmuró algo sobre una importante cita en la siguiente aldea. No sabemos cómo consiguió dar esa impresión, pero lo hizo.

Los discípulos que se dirigían a Emaús tuvieron otra idea. «Mas ellos le obligaron a quedarse, diciendo: Quédate con nosotros, porque se hace tarde, y el día ya ha declinado» (Lucas 24.29).

Había sido un día muy largo. Los dos peregrinos tenían muchas cosas en su cabeza. Seguramente ellos tenían obligaciones y gente en sus vidas a quienes atender. Pero su compañero de viaje despertó un fuego en sus corazones. Así que le dieron la bienvenida. Sin saber aún que su invitado era Jesús, sacaron una silla extra, añadieron un poco más de agua a la sopa y le ofrecieron pan. Jesús bendijo el pan, y cuando lo hizo «les fueron abiertos los ojos, y le reconocieron» (v. 31).

Nosotros aún encontramos gente en el camino. Y algunas veces sentimos una calidez peculiar, un afecto especial. Notamos un impulso irrefrenable de abrir nuestras puertas a estas personas. En estos momentos, prestemos atención a esa voz interior. Nunca sabemos a quién podríamos estar hospedando en la cena.

*Hospedaos los unos a los otros sin
murmuraciones. Cada uno según el don que
ha recibido, minístrelo a los otros, como buenos
administradores de la multiforme gracia de Dios.*

(1 Pedro 4.9-10)

Padre celestial, me has dado mucho: cada aliento que
respiro es un regalo de tu mano. Aun así, confieso que
algunas veces mi mano permanece fuertemente cerrada
cuando se trata de las necesidades de los demás. Por favor,
abre tanto mi mano como mi corazón para que pueda
aprender a deleitarme aprovechando las oportunidades
diarias para la hospitalidad que tú pones ante mí. Ayúdame
a recordar, Señor, que cuando muestro tu amor de modo
tangible «aun al más pequeño» te estoy cuidando
directamente a ti. Mientras me ayudas a abrir mi mano y
mi corazón, Señor, te pido que también me impulses a
abrir mi casa a aquellos que necesitan probar tu amor y
generosidad. En el nombre de Jesús, amén.

CAPÍTULO 7

Ver la necesidad, tocar el dolor

Pedro, con Juan, fijando en él los ojos, le dijo:
Míranos... Y tomándole por la mano derecha
le levantó.

Hechos 3.4, 7

Una puerta llamada la Hermosa. El hombre era de todo menos guapo. No podía andar; se arrastraba sobre sus rodillas para desplazarse. Pasaba sus días entre el contingente de mendigos, reales o ficticios, que codiciaban las monedas de los que venían a adorar y entraban por el Patio de Salomón.

Pedro y Juan estaban entre ellos.

El hombre necesitado vio a los apóstoles, elevó su voz y suplicó dinero. Ellos no tenían nada para darle, pero aun así se pararon. «Pedro, con Juan, fijando en él los ojos, le dijo: Míranos...» (Hechos 3.4). Los dos miraron fijamente al hombre con tal compasión que «él les estuvo atento, esperando recibir de ellos algo» (v. 5). Pedro y Juan no le miraron con vergüenza, ni se encogieron de hombros irritados, ni le rechazaron cínicamente, sino que su expresión era honesta.

Es difícil mirar al sufrimiento a la cara. Más bien nos apartamos, ¿verdad? ¿Miramos en otra dirección? ¿Fijamos nuestros ojos en objetos lejanos? El sufrimiento humano no es agradable a la vista. Las mejillas polvorientas de los refugiados paquistaníes. Los ojos abiertos de par en par de los huérfanos peruanos. O la desaliñada barba blanca y negra del vagabundo que Stanley y yo encontramos en Pennsylvania.

Stanley Shipp era mi mentor en temas espirituales. Era treinta años mayor que yo y había sido bendecido con una nariz afilada, labios delgados, un mechón de pelo blanco y un corazón tan grande como todo el medio oeste norteamericano. Sus tarjetas de presentación, que daba a los que se la pedían y a los que no, sencillamente decían: «Stanley Shipp, su servidor».

Pasé mi primer año después de la universidad bajo su tutela. Uno de nuestros viajes nos llevó a una pequeña iglesia en la Pennsylvania rural para una conferencia. Casualmente, él y yo éramos las únicas personas que estaban en el edificio cuando un vagabundo, que olía a alcohol como si se hubiera puesto un perfume barato, llamó a la puerta. Recitó su perorata de víctima. Bien calificado para trabajar. No apto para recibir una pensión. Había perdido el billete de autobús. Le dolía la espalda. Sus hijos, que vivían en Kansas, pasaban de él. Si la mala suerte fuera *rock and roll*, este tipo sería Elvis. Yo crucé mis brazos, sonreí con aires de suficiencia y le eché una mirada a Stanley de ¿te-has-fijado-bien-en-este-tío?

Stanley no me miró. Él estudiaba detenidamente al vagabundo. Stanley no vio a nadie más. Recuerdo que me pregunté: *¿Cuánto tiempo habrá pasado desde que otra persona haya mirado a este hombre a los ojos?*

La tortuosa epopeya finalmente acabó, y Stanley guió al hombre hacia la cocina de la iglesia y le preparó un plato de comida y una bolsa con alimentos. Cuando le veíamos marcharse, a Stanley se le escapó una lágrima y respondió a lo que yo estaba pensando pero no me había atrevido a formular. «Max, sé que probablemente está mintiendo. Pero, ¿qué pasa si sólo una pequeña parte de su historia es cierta?»

Los dos vimos al hombre. Yo le calé enseguida, pero Stanley se fijó en su interior. Hay algo esencialmente bueno en tomarse un tiempo para conocer a una persona.

Simón el fariseo una vez desdeñó la amabilidad de Jesús con una mujer de dudosa reputación. Así que Jesús le *probó*: «¿Ves esta mujer?» (Lucas 7.44)

Simón no la veía. Él veía una libertina, una prostituta, una bribona. No veía a la mujer.

¿Qué vemos cuando vemos…

- las siluetas de personas debajo de un puente rodeando un bidón grande con fuego para calentarse?
- las nuevas imágenes de niños en campos de refugiados?

- los informes que nos dicen que 1,750 millones de personas viven con menos de un dólar y veinticinco centavos al día?[1]

¿Qué vemos? «Y al ver las multitudes, tuvo compasión de ellas; porque estaban desamparadas y dispersas como ovejas que no tienen pastor» (Mateo 9.36).

Esta palabra, *compasión*, es una de las más extrañas que aparecen en las Escrituras. El léxico del Nuevo Testamento griego dice que esta palabra significa «ser conmovido hasta las entrañas… (porque se pensaba que en las entrañas era donde se alojaban el amor y la pena)».[2]

Comparte la raíz con la palabra *esplacnología*, el estudio de las vísceras. La compasión, entonces, es un movimiento en lo más profundo del ser, una patada en el estómago.

Quizá es por eso que nos apartamos. ¿Quién puede soportar ese sentimiento? Especialmente cuando no podemos hacer nada al respecto. ¿Para qué mirar al sufrimiento a la cara si no podemos marcar la diferencia?

Pero, ¿qué pasaría si pudiéramos? ¿Qué pasaría si el hecho de prestar atención pudiera reducir el dolor de alguien? Ésta es la promesa del encuentro.

Mas Pedro dijo: «No tengo plata ni oro, pero lo que tengo te doy; en el nombre de Jesucristo de Nazaret, levántate y anda. Y tomándole por la mano derecha le levantó; y al momento se le afirmaron los pies y tobillos;

y saltando, se puso en pie y anduvo; y entró con ellos en el templo, andando, y saltando, y alabando a Dios» (Hechos 3.6-8).

¿Qué pasaría si Pedro hubiera dicho: «Como no tengo plata ni oro, mejor cierro la boca»? Pero no lo hizo. Puso su acto (la mirada y el contacto), que era del tamaño de una semilla de mostaza, en la tierra fértil del amor de Dios. Y mira qué pasó.

La gruesa y carnosa mano del pescador agarró la frágil y delgada mano del mendigo. Piensa en la Capilla Sixtina y la mano alzada de Dios. Él desde arriba, el otro desde abajo. Una sagrada mano dispuesta a ayudar. Pedro levantó al hombre hacia sí. El lisiado se tambaleó como un ternero recién nacido intentado encontrar el equilibrio. Parecía como si el hombre fuera a caer, pero no sucedió. Se puso de pie. Y mientras se ponía en pie, empezó a gritar, y los que pasaban por allí empezaron a pararse. Paraban y miraban los saltos del inválido.

¿No piensas que eso es lo que hizo? No al principio, por supuesto. Pero después de un primer paso hecho con cuidado, y después unos cuantos más viendo que podía caminar, ¿no crees que saltaba y brincaba? ¿Desfilando y haciendo la ola al hombre en quien le había sido devuelta la vida?

La multitud se agolpó alrededor del trío. Los apóstoles reían mientras el mendigo bailaba. Los otros mendigos se apresuraron hacia la escena con sus capas harapientas y sus ropas hechas jirones y pidieron a gritos su porción del milagro.

«¡Quiero ser curado! ¡Tócame! ¡Tócame!»

Así que Pedro accedió. Les acompañó a la clínica del Gran Médico y les invitó a tomar asiento. «Y por la fe en su nombre, es el nombre de Jesús lo que ha fortalecido a este hombre... Por tanto, arrepentíos y convertíos, para que vuestros pecados sean borrados, a fin de que tiempos de refrigerio vengan de la presencia del Señor» (vv. 16, 19).

Borrados es una traducción de una palabra griega que significa «eliminar» o «borrar por completo». Pedro explicó que la fe en Cristo conduce a una pizarra limpia con Dios. Lo que Jesús hizo por las piernas de este paralítico es lo que hace por nuestras almas. ¡Las hace nuevas!

Una mirada honesta llevó a prestar ayuda, y eso, a su vez, llevó a una conversación sobre la eternidad. El trabajo hecho en el nombre de Dios perdura más allá de nuestras vidas.

Seamos la gente que se para en la puerta. Miremos a los que sufren hasta que nosotros mismos suframos con ellos. Nada de pasar de largo corriendo, apartarse o mirar hacia otro lado. No finjamos ni le quitemos importancia al asunto. Miremos a los ojos hasta que veamos a la persona.

Hay una familia en nuestra congregación que vive con la desgarradora situación de que su hijo es un sin techo. Se fugó de casa cuando tenía diecisiete años, y a excepción de algunas llamadas desde la cárcel y una visita, no han tenido contacto con él desde hace veinte años. La madre me permitió entrevistarla en un encuentro de líderes. Mientras nos preparábamos para el debate, le pregunté por qué tenía tantos deseos de compartir su historia.

«Quiero cambiar el modo en que la gente ve a los sin techo. Quiero que dejen de mirar los problemas y empiecen a ver que son hijos de alguien».

En algunas áreas de África del Sur dominadas por los zulúes, la gente se saluda con una frase que significa «Te veo».[3] El cambio empieza con una mirada auténtica.

Y sigue con una mano que ayuda. Estoy escribiendo este capítulo bajo una tenue luz en un hotel de Etiopía situado a sólo unas horas y a unos pocos kilómetros de donde tiene lugar una versión moderna de esta historia.

Bzuneh Tulema vive en una casa de hormigón de dos habitaciones y suelo mugriento al final de una sucia calle en las secas montañas de Adama. Quizá tenga unos noventa metros cuadrados. Él pintó las paredes de color azul pastel y colgó dos cuadros de Jesús, uno de los cuales capta la atención: «Jesús el Super [sic] Pastor». Durante nuestra visita el ambiente era muy caluroso, el olor a estiércol de vaca era acre y yo no me atrevía a inspirar profundamente por miedo a tragarme alguna mosca.

Enfrente de nosotros, Bzuneh sonreía. Llevaba una gorra Nike con letras torcidas, y una chaqueta roja (a pesar de que parecía que estuviéramos en un horno), y sonreía enseñando los dientes que le faltaban. Ningún rey estuvo nunca tan orgulloso de su castillo como lo estaba él de sus cuatro paredes. Mientras el hombre de treinta y cinco años de edad relataba su historia, lo entendí.

Hacía sólo dos años él era el borracho del pueblo. Su primer matrimonio fracasó por culpa de la bebida y el segundo estuvo a punto de acabar del mismo modo. Él y su esposa estaban tan dominados por el alcohol que mandaban a sus hijos con los vecinos y se resignaban a beber hasta desvanecerse.

Pero entonces alguien les *vio*. Al igual que Pedro y Juan vieron al mendigo, los miembros de una iglesia del lugar prestaron atención a su situación. Empezaron a llevarles comida y ropa. Les invitaron a asistir a los servicios de la iglesia. Bzuneh no estaba interesado. Sin embargo, su esposa, Bililie, sí lo estaba. Ella empezó a dejar de beber y a pensar en la historia de Cristo. La promesa de una nueva vida. El ofrecimiento de una segunda oportunidad. Ella creyó.

Bzuneh no fue tan rápido. Él siguió bebiendo hasta que una noche, un año después, se cayó y se dio un golpe tan fuerte en la cara que aún hoy se le ven las marcas. Los amigos le encontraron en un barranco y le llevaron a la misma iglesia y le hablaron del mismo Jesús. Desde entonces no ha tocado ni una gota.

El problema de la pobreza continuó. La pareja sólo poseía lo que llevaban puesto y una choza de barro. Entonces entra en escena Meskerem Trango, un trabajador de Visión Mundial. Él continuó el ministerio de «ver y tocar». ¿Cómo podía ayudar a Bzuneh, un alcohólico en recuperación, a ponerse en pie? En la zona el trabajo escaseaba. Además, ¿quién querría contratar al borracho del pueblo? Un regalo en metálico no era la solución: la pareja podría bebérselo.

Meskerem se sentó con Bzuneh y estudiaron las opciones. Finalmente dio con una solución: estiércol de vaca. Él arregló las cosas para que pudiera recibir un crédito del departamento de microfinanzas de Visión Mundial. Bzuneh adquirió una vaca, construyó un cobertizo y empezó a recoger los excrementos del animal y a convertirlos en metano y fertilizante. Bililie cocinaba con el gas, y él vendía el fertilizante. En un año había devuelto el crédito, comprado más vacas, construido su casa y recuperado a sus hijos.

«Ahora tengo diez animales, treinta cabras, una televisión, un radiocasete y un teléfono móvil. Incluso mi esposa tiene un teléfono móvil». Y sonrió. «Y sueño con vender cereales».

Todo empezó con una mirada honesta y con una mano dispuesta a ayudar. ¿Podría ser ésta la estrategia de Dios para el sufrimiento humano? Primero, unos ojos amables que encontraran unos ojos desesperados. Después, unas manos fuertes ayudando a unas manos débiles. Y entonces, el milagro de Dios. Nosotros hacemos nuestra pequeña parte, él hace la parte grande, y la vida en la puerta llamada la Hermosa empieza a ser justamente eso.

*Y salió Jesús y vio una gran multitud, y tuvo
compasión de ellos, porque eran como ovejas que
no tenían pastor.*

Marcos 6.34

Misericordioso Señor, en la Biblia eres llamado «El que me ve», y sé que tus ojos están siempre sobre mí para guiarme, protegerme, bendecirme y corregirme. A mí también me has dado ojos, y te pido que me concedas el poder de usarlos no sólo para ver sino para *mirar*. Ayúdame a mirar a aquellos que pones en mi camino, a mirarles de verdad, con sus heridas, sus deseos, sus anhelos, sus necesidades, sus alegrías y sus desafíos. Y cuando abras mis ojos, estimúlame a abrir de par en par mis brazos para ofrecer toda la ayuda y ánimo que debo dar. En el nombre de Jesús, amén.

Persecución; prepárate para ella y resístela

Vinieron sobre ellos los sacerdotes con el jefe
de la guardia del templo, y los saduceos.

HECHOS 4.1

El 18 de abril de 2007 tres cristianos fueron asesinados en Turquía debido a sus creencias. Necati Aydin era uno de ellos. Tenía treinta y cinco años y era pastor en la ciudad de Malayta.

Esa mañana estuvo a punto de no ir a su oficina. Había estado viajando durante diez días y su esposa, Semse, quería que se quedara en casa para descansar. Ella les dio el desayuno a sus dos hijos, Elisha y Esther, y les llevó a la escuela. Cuando regresó, caminaba silenciosamente por la casa para no despertar a su marido. Aun así, él se revolvió, entrecerró los ojos, abrió sus brazos y admitió que se sentía débil. «No quiero levantarme hoy».

Pero lo hizo. Había mucho trabajo por hacer. Sólo un 0.2 por ciento de la nación, de mayoría musulmana, sigue a Jesús. Irónico. La tierra que una vez conoció las huellas de las sandalias del apóstol Pablo y que fue el escenario de las primeras iglesias. ¿Y hoy? En la actualidad hay menos de

153,000 seguidores de Cristo turcos en una nación de 76 millones de personas.[1] Gente como Necati vive para cambiar eso. Arrastró su cansado cuerpo fuera de la cama y se preparó para el día que tenía por delante.

Cuando Semse recuerda y cuenta otra vez los acontecimientos de esa mañana, hace una pausa entre frase y frase. Sus mejillas se enrojecen. Su oscuro cabello se ondula por su frente. Hasta este punto, ha sido capaz de contener la emoción. Ella ha descrito el ataque, la crueldad y la dureza de una viudedad repentina sin lágrimas. Pero cuando llega a esta parte del relato, éstas afloran a sus ojos. «Mi querido esposo salió por la puerta a las once. Yo le miraba mientras esperaba que subiera al ascensor. Allí, él me sonrió de nuevo una última vez, pero yo no sabía que sería la última sonrisa. Eso es lo que siempre recordaré...»

Ella suspira y mira a lo lejos como si viera una cara que sólo ella puede ver. Entonces vuelve. «Esto es doloroso para mí porque echo de menos su sonrisa... porque el sol no sale cuando él no sonríe...»

Semse mira hacia abajo y se permite un suave sollozo, pero sólo uno. «Es una copa amarga y debemos beber de ella cada día».

Cuando Necati llegó a la oficina, sus dos compañeros de trabajo tenían visitas: cinco hombres jóvenes que habían expresado su interés en la fe cristiana. Pero los inquisidores traían algo más que preguntas. Ellos llevaban armas, cuchillos del pan, cuerdas y mordazas.

Los atacantes blandieron sus armas y le dijeron a Necati que recitara la oración islámica de la conversión: «Alá es el único Dios, y Mahoma es su profeta».

Cuando Necati se negó, empezó la tortura. Durante una agonizante hora los asaltantes ataron, interrogaron y acuchillaron a los cristianos. Finalmente, cuando la policía llamó a la puerta, les cortaron el cuello. La última palabra oída en la oficina fue el grito de un inquebrantable cristiano: «¡Mesías, Mesías!»[2]

Estas historias tienen el poder de hacernos enmudecer. El atasco de tráfico de esta mañana no tiene punto de comparación. Cuando me veo a mí mismo, por un microsegundo, como un hombre de fe, pienso en los mártires de Malayta y me pregunto: *¿Haría yo ese sacrificio? ¿Gritaría yo «¡Mesías!, ¡Mesías!»? ¿Entregaría mi vida?* Porque algunos días ni siquiera quiero dejar libre mi plaza de aparcamiento.

Los pastores turcos podrían haber vivido. Con solo confesar a Alá, los asaltantes hubieran bajado los cuchillos y ellos habrían conservado la vida. Semse aún tendría a su marido, y Elisha y Esther tendrían a su padre. Necati podría haber regresado a su casa con su familia. En vez de eso, él eligió defender a Cristo.

¿Qué habrías hecho tú?

La pregunta es algo más que puramente teórica. La persecución llega. El setenta y cinco por ciento de los cristianos viven en el tercer mundo, a menudo en ambientes anticristianos. El número de creyentes chinos que se reúnen el domingo para adorar a Dios es mayor que el total de la población de Europa occidental. En el Líbano hay un treinta y nueve por ciento de cristianos; en Sudán, un cinco por ciento; en Egipto, sobre un diez por ciento.[3] Muchos de estos santos adoran a Dios bajo su propia responsabilidad y arriesgando su vida. Puede que tú seas uno de ellos. Puede que seas el único cristiano en tu universidad en Iraq. Puede que seas una mujer árabe que eleva oraciones en silencio o un judío mesiánico que vive en el centro de Jerusalén.

O quizá habitas en una sociedad que disfruta de libertad religiosa pero en una comunidad que practica la opresión espiritual. Puede que no te enfrentes a cuchillos y terroristas, sino a criticadores y acusadores. Tu familia se burla de tus creencias. El profesor de la universidad menosprecia tus convicciones. Tus compañeros de clase se ríen de tus elecciones. Tus colegas te presionan para que comprometas tu honestidad. Los compañeros de trabajo se dedican a meterse contigo en los momentos de debilidad. ¿Hay un cuchillo en tu garganta? No. Pero, ¿y presión para que abandones tus convicciones?

Estoy pensando en Maria Dutton, mi profesora de portugués cuando yo era misionero en Brasil. Ella creció en una familia aristocrática e influyente. Cuando se hizo cristiana, su padre la repudió. No asistió a su boda ni fue a verla en vacaciones. Durante varios años no quiso saber nada de ella ni de sus hijos.

Heidi es la única creyente en el equipo de animadoras del instituto. Cuando los demás salen a desmadrarse después de los partidos, ella se va a casa. Si juegan fuera, se va al hotel. Ellos la usan como diana de sus burlas.

La persecución sucede. Pedro y Juan pueden contártelo. Ellos sanaron al lisiado y al minuto siguiente estaban enfrentándose al acoso. «Hablando ellos [Pedro y Juan] al pueblo, vinieron sobre ellos los sacerdotes con el jefe de la guardia del templo, y los saduceos, resentidos de que enseñasen al pueblo, y anunciasen en Jesús la resurrección de entre los muertos» (Hechos 4.1-2).

Hasta aquí la primera iglesia había disfrutado de una navegación tranquila. El milagro de Pentecostés había cosechado tres mil seguidores. La iglesia dio lugar a actos de amabilidad, compasión y fraternidad. Sus buenas obras autentificaban sus buenas noticias. El número de seguidores crecía. Los tres primeros capítulos del libro de los Hechos hablan de días felices. Pero entonces llega el capítulo 4 de Hechos. La iglesia acaba de salir de la sala de maternidad y ya se mete con los matones de turno de la ciudad: «los sacerdotes con el jefe de la guardia del templo, y los saduceos» (v. 1).

Un musculoso soldado les empuja a través de la multitud. Su espeso cabello rizado le llega a la altura de los hombros. En su torso desnudo sobresalen marcados músculos y sus enormes piernas parecen de hierro. En el pecho cuelga una medallón de autoridad y en la mano lleva un látigo. Por ley, puede arrestar a cualquiera que transgreda las ordenanzas del templo. Ha venido para hacer cumplir las normas.

Le siguen los sacerdotes: Caifás y su suegro Anás. Están de pie uno a cada lado del capitán de la guardia del templo con los brazos cruzados, y parece que su mirada lleve implícita esta advertencia: «No olvidéis lo que le hicimos a vuestro Mesías. ¿Acaso los tres crucificados en la cruz romana no lo dejaron suficientemente claro?»

Anás, el sumo sacerdote, arquea una ceja mirando a Pedro. No ha olvidado lo que este apóstol le hizo a su siervo unas cuantas semanas antes en el huerto de Getsemaní. Cuando el criado y los soldados fueron a arrestar a Jesús, Pedro desenvainó su espada «e hirió al siervo del sumo sacerdote, y le cortó la oreja derecha» (Juan 18.10). Jesús le sanó la oreja, pero el sumo sacerdote no ha olvidado el incidente. Me estoy imaginando a Anás tirándose de la oreja y amenazando a Pedro: «Tú y yo tenemos un asunto pendiente».

Pedro, mientras tanto, quizá está luchando con sus propios recuerdos de ese jueves por la noche. No sólo sobre su afilada espada, sino también sobre sus huidizos pies. Él y los otros seguidores huyeron corriendo del huerto como cachorros escaldados, dejando que Jesús se enfrentara solo a sus enemigos. Más tarde esa noche Pedro reunió la suficiente lealtad como para aparecer en el juicio de Jesús. Pero cuando la gente le reconoció, se achicó de nuevo. Negó a su Salvador no una, sino tres veces.

Hasta ahora el marcador está así: Persecución-2, Pedro-0. Ha fracasado en cada prueba de la persecución. Pero no va a fallar en ésta.

El trío permanece firme. Si sus piernas tiemblan, es porque el mendigo acaba de aprender a mantenerse en pie y los apóstoles han escogido no salir corriendo.

Entonces Pedro, lleno del Espíritu Santo, les dijo: Gobernantes del pueblo, y ancianos de Israel: Puesto que hoy se nos interroga acerca del beneficio hecho a un hombre enfermo, de qué manera éste haya sido sanado, sea notorio a todos vosotros, y a todo el pueblo de Israel, que en el nombre de Jesucristo de Nazaret, a quien vosotros crucificasteis y a quien Dios resucitó de los muertos, por él este hombre está en vuestra presencia sano (Hechos 4.8-10).

No se echa atrás cuando dice estas palabras. Yo detecto un toque de cinismo («Puesto que hoy se nos interroga acerca del beneficio hecho a un hombre enfermo...») y una gran dosis de declaración («sea notorio a todos vosotros, y a todo el pueblo de Israel, que en el nombre de Jesucristo de Nazaret...»). El nombre de Jesús por sí solo hubiera bastado, pero Pedro, sin disculparse, contesta «Jesucristo de Nazaret». Y entonces sentencia con claridad, fuerza y firmeza: «Y en ningún otro hay salvación; porque no hay otro nombre bajo el cielo, dado a los hombres, en que podamos ser salvos» (v. 12).

Anás y Caifás mascullan entre dientes. El capitán de la guardia del templo aprieta el látigo. Los ojos de los saduceos se entornan. Los que ostentan el poder en Jerusalén miran con hostilidad a Pedro y a Juan.

Pero ellos no se mueven ni un centímetro. ¿Qué les ha pasado? La última vez que se encontraron con estos soldados, Pedro y Juan les vieron por el espejo retrovisor cuando huían. Pero hoy se enfrentan cara a cara con la Corte Suprema de Jerusalén. ¿Qué ha pasado en su interior?

Lucas nos da la respuesta en el versículo 13: «Entonces, viendo el denuedo de Pedro y de Juan, y sabiendo que eran hombres sin letras y del vulgo, se maravillaban; y les reconocían que habían estado con Jesús».

Pedro y Juan habían estado con Jesús. Con el Jesús resucitado. En el Aposento Alto cuando atravesó las paredes. De pie al lado de Tomás cuando el discípulo tocó las heridas. En la playa cuando Jesús cocinó el pescado. Sentados a los pies de Jesús durante cuarenta días mientras les explicaba los caminos del reino.

Habían permanecido durante mucho tiempo disfrutando en la presencia del Rey resucitado. Despertando con él, caminando con él. Y como lo habían hecho, el silencio había dejado de ser una opción. «Porque no podemos dejar de decir lo que hemos visto y oído» (v. 20).

¿Acaso tu valentía podría parecerse a ésta, tener esta calidad? Si quieres ir más allá de tu vida, debería ser así. Mientras te quedes quieto, nadie se va a quejar. Los perros no les ladran a los vehículos estacionados. Pero cuando aceleres, cuando cambies la borrachera por la sobriedad, la desfachatez por la integridad, la apatía por la compasión, ya puedes prepararte para que empiecen los ladridos. Que no te sorprendan las críticas ni las burlas. Prepárate para ser perseguido.

Así pues, ¿cómo podemos prepararnos? Es muy fácil. Imitando a los discípulos. Permaneciendo mucho rato, y a menudo, en la presencia de Cristo. Meditando en su gracia. Pensando en su amor. Memorizando sus palabras. Mirándole a los ojos. Hablando con Él. La valentía nos llega según vamos viviendo con Jesús.

Pedro lo dijo así: «Por tanto, no os amedrentéis por temor de ellos, ni os conturbéis, sino santificad a Dios el Señor en vuestros corazones, y estad siempre preparados para presentar defensa con mansedumbre y reverencia ante todo el que os demande razón de la esperanza que hay en vosotros» (1 Pedro 3.14-15).

Cuando meditamos en la vida de Cristo, encontramos la fuerza que necesitamos para nuestra propia vida. Viene a mi mente el ejemplo de Xu Yonghai, un cristiano en la China comunista que trabajaba para que se legalizaran las casas-iglesia. El gobierno le respondió encerrándolo en una prisión de Beijing durante veinticuatro meses. Su celda medía cuatro metros cuadrados. No había lavabo, sólo una pequeña tubería en una esquina que dejaba caer el agua sobre el hormigón.

«Mi celda era la última escala para los prisioneros sentenciados a muerte», dijo. «A veces había otros tres prisioneros en la minúscula y húmeda habitación, esperando su cita con el verdugo».

Yonghai sobrevivió mediante oración, meditación y escritura. En las paredes de su celda escribió los puntos importantes para un libro que hablara sobre Dios usando una pastilla de jabón. Cuando terminó, se dedicó a recordarlos de memoria. Después de su liberación, convirtió lo que había pensado en la cárcel en un libro de cincuenta mil palabras titulado *God the creator* [Dios el creador]. Al igual que Pedro y Juan, Yonghai se acomodó en la presencia de Jesús y encontró fuerza. La valentía viene cuando pensamos en los logros de Jesús.[4]

¿Te gustaría ser valiente mañana? Entonces pasa tiempo con Jesús hoy. Medita en su Palabra. Reúnete con su gente. Disfruta de su presencia. Y cuando la persecución llegue (y lo hará), sé fuerte. ¿Quién sabe? La gente puede darse cuenta de que tú, al igual que los discípulos, has estado con Cristo.

Tú sabes cuántas persecuciones y padecimientos
he tenido que afrontar por predicar el evangelio,
especialmente en Antioquía, Iconio y Listra; aunque
de todo ello me libró siempre el Señor. El caso es que
quienes desean vivir piadosamente según la fe de
Cristo Jesús, se exponen a ser perseguidos.

2 Timoteo 3.11-12 CST

Padre, no nos gusta pensar en la persecución. ¡Y mucho menos experimentarla! Pero en tu gracia y sabiduría nos adviertes de que va a llegar. Nos dices estas cosas no para alarmarnos, sino para que nos preparemos para lo que tenemos por delante, para que podamos soportar y perseverar y también para que esas difíciles experiencias te glorifiquen a ti y nos beneficien a nosotros. Para que eso pase, Señor, necesito reorientar mi perspectiva y cambiar mi centro de atención. Ayúdame a ver el mundo a través de tus ojos centrándome en tu Hijo, recordando lo que logró en la cruz a pesar de la gran persecución que sufrió. Que cualquier persecución que yo pueda sufrir, Señor, sea para honrarte, y úsala para ayudar a otros seguidores de Jesús que tendrán que enfrentar su propia persecución. En el nombre de Jesús, amén.

CAPÍTULO 9

Haz el bien con discreción

Pero cierto hombre llamado Ananías, con Safira su mujer, vendió una heredad, y sustrajo del precio, sabiéndolo también su mujer; y trayendo sólo una parte, la puso a los pies de los apóstoles.

HECHOS 5.1-2

La pareja estaba sentada en la mesa de la cocina mirando fijamente el cheque de quince mil dólares. El silencio era un descanso. En la última media hora se habían sucedido doce rondas de puñetazos y asaltos verbales. Ella le culpó por la idea.

—¡Tenías que dar todo el dinero!

Él le contestó bruscamente:

—No te quejaste cuando todos te aplaudieron en la iglesia, ¿no es cierto?

—¿Pero quién habría pensado que ese mugriento pedazo de tierra valiera tanto?

Ananías no se esperaba conseguir quince mil dólares. Diez mil como mucho. Y ocho mil como mínimo. Pero, ¿quince mil dólares por una parcela sin explotar de cuatro mil metros al lado de una carretera secundaria al sur de Jerusalén? Había heredado la propiedad de su tío Ernie, que había dejado esta nota con el testamento: «No dejes escapar esta tierra, Andy. Nunca se sabe. Si la carretera se amplía de uno a cuatro carriles, será tu jubilación».

Así que Ananías hizo caso del consejo: encerró las escrituras bajo llave en una caja fuerte y no volvió a pensar en ellas hasta que Safira, su mujer, le hizo prestar atención al acto de generosidad que había hecho Bernabé.

—Vendió el apartamento que tenía a primera línea de mar y ha dado todo el dinero a la iglesia.

—Me estás tomando el pelo. ¿Te refieres al apartamento de Jaffa?

—Eso es lo que he oído.

—¡Caray! Ésa sí que es una propiedad valiosa.

Ananías conocía a Bernabé del Club Rotary. De hecho, todo el mundo le conocía. El tipo tenía más amigos que sacerdotes había en el templo. Ananías no pudo menos que darse cuenta del tono que la gente usaba cuando hablaban sobre el regalo de Bernabé. Respeto. Aprecio. *Estaría bien que pensaran lo mismo de mí.*

Así que le mencionó lo del terreno a Safira.

—No vamos a construir nunca nada en él. Estoy seguro de que podemos conseguir ocho mil dólares. Demos el dinero a la iglesia.

—¿Todo?

—¿Por qué no?

Hubiera sido mejor para ellos que lo hubieran hecho y punto, dando el dinero y manteniendo la boca cerrada. No necesitaban decírselo a nadie. Pero Ananías tenía tendencia a hablar más de la cuenta.

Durante el servicio de adoración del siguiente domingo, el apóstol Pedro dejó un tiempo para dar testimonios y compartir motivos de oración. Ananías saltó de su asiento y se puso delante de la congregación.

«Safira y yo hemos sido bendecidos más de lo que podemos expresar con palabras desde que venimos aquí a la iglesia de Jerusalén. Queremos daros las gracias. Vamos a vender un pequeño terreno que tenemos y nos comprometemos a dar todo el dinero de la venta, por poco que sea, a la Fundación para las Viudas».

La congregación de más de setecientos miembros estalló en aplausos. Ananías le hizo gestos a Safira para que saludara con la mano… y ella lo hizo. Se puso de pie y dio una vuelta sobre sí misma, para que la vieran bien, y lanzó un beso al aire hacia Ananías. Él le devolvió el ademán y entonces saludó a Pedro. Pero Pedro no sonreía. Ananías decidió no pensar mucho en eso y volvió a su sitio. Más tarde, esa misma noche, llamó a un agente de la propiedad y le describió el terreno. Se quedó dormido pensando en la sala que llevaría su nombre.

La corazonada del tío Ernie respecto a la ampliación de la carretera resultó ser totalmente acertada. No hubo ninguna queja ante los diez mil dólares que pedían. Para cuando la negociación acabó, la pareja tenía en sus manos un cheque por valor de quince mil dólares.

Así que se sentaron en la mesa de la cocina en silencio. Safira removía su café. Ananías miraba fijamente el cheque. Fue Safira la que primero propuso el plan.

—¿Qué pasa si les decimos que vendimos la propiedad por diez mil dólares?

—¿Qué?

—¿Quién va a saberlo?

Ananías pensó por un momento.

—Sí, haremos pensar a todo el mundo que cerramos la venta en diez mil dólares. De ese modo podemos conseguir reconocimiento por el donativo y un poco de dinero en metálico para algo especial.

Ella sonrió.

—¿Como una paga y señal de cinco mil dólares para un apartamento en Jaffa, por ejemplo?

—No hay nada de malo en eso.

—Nada de malo en absoluto.

Así que al siguiente domingo, Ananías se puso otra vez en pie delante de toda la congregación. Agitó el cheque y anunció: «¡Hemos vendido la propiedad por diez mil dólares!», y puso el talón en el cesto de las ofrendas. Se regodeó en los aplausos y le hizo señas a Safira para que se levantara. Ella lo hizo.

Ambos pensaron que habían encubierto con éxito su delito.

El domingo por la tarde los apóstoles llamaron a Ananías para tener una reunión con él.

—Seguramente quieren darnos las gracias —le dijo a Safira mientras se apretaba el nudo de la corbata—. Se deben preguntar si nos parecería bien un banquete en nuestro honor.

—Te aseguro que a mí me encantaría —le dijo Safira a su marido.

Él sonrió y salió por la puerta, sin pensar que ya no volvería.

De acuerdo al evangelio de Lucas el encuentro sólo duró lo imprescindible para que Pedro hiciera cuatro preguntas y llegase a un único veredicto.

Primera pregunta: «Ananías, ¿por qué llenó Satanás tu corazón para que mintieses al Espíritu Santo y sustrajeses del precio de la heredad?» (Hechos 5.3). Lo que ocultaba era demasiado grande. La expresión que Lucas utiliza para *sustraer* significa «malversar». Los apóstoles se olieron el ardid de la pareja y lo llamaron por su nombre: fraude financiero.

Segunda pregunta: «Reteniéndola, ¿no se te quedaba a ti?» (v. 4). Nadie les obligó a vender la propiedad. Actuaron por su propia cuenta y con total libertad.

Tercera pregunta: «Y vendida, ¿no estaba en tu poder?» (v. 4). En cualquier momento el matrimonio podía haber cambiado de pensamiento o modificado su contribución. El pecado no fue quedarse una parte de las ganancias, sino hacer ver que lo daban todo. Ellos querían aparentar el sacrificio sin hacerlo.

Cuarta pregunta: «¿Por qué pusiste esto en tu corazón?» (v. 4). Este acto engañoso no fue un error impulsivo sino bien calculado, una estafa premeditada. La intención de Ananías era engañar deliberadamente a la iglesia. ¿No se dio cuenta de que le estaba mintiendo a Dios?

Pedro lo dejó claro con esta sentencia: «No has mentido a los hombres, sino a Dios. Al oír Ananías estas palabras, cayó y expiró» (vv. 4-5).

El cuerpo de Ananías fue envuelto y enterrado antes de que Safira tuviera ninguna pista de lo que había pasado. Cuando vino para encontrarse con Pedro, ella esperaba una palabra de gratitud. Pedro le dio una oportunidad para sincerarse.

«Dime, ¿vendisteis en tanto la heredad?» (v. 8).

(Vamos, Safira, di la verdad. Estás en el punto de mira. Suéltalo y puede que vivas para contarlo.) Pero no lo hace.

«Sí, en tanto».

«¿Por qué convinisteis en tentar al Espíritu del Señor? He aquí a la puerta los pies de los que han sepultado a tu marido, y te sacarán a ti» (vv. 8-9).

Mientras se llevan a Safira a unirse a su marido en el cementerio, sacudimos nuestras cabezas. ¿Osaremos preguntar en voz alta lo que nos preguntamos en nuestro interior? ¿Hacer la pregunta que todos quieren hacer? Como nadie más lo preguntará, yo lo haré.

¿Era eso realmente necesario?

Ananías y Safira merecían un castigo, por supuesto. Se merecían una dura sentencia. Pero, ¿pena de muerte? ¿No es el castigo desmesurado con respecto al crimen? Lo que hicieron estuvo mal, pero ¿*tan mal*?

Vamos a pensar en ello. Exactamente, ¿qué hicieron?

Usaron la iglesia para promocionarse. Usaron la familia de Dios para obtener ganancias personales. Intentaron que una congregación se convirtiera en un escenario personal en el que pudieran pavonearse.

Dios tiene una palabra muy fuerte para eso: *hipocresía*. Cuando Jesús usaba este término, la gente corría a buscar refugio. Él fustigó a los fariseos con este látigo:

> Antes, hacen todas sus obras para ser vistos por los hombres... Aman los primeros asientos en las cenas, y las primeras sillas en las sinagogas, y las salutaciones en las plazas, y que los hombres los llamen: Rabí, Rabí... Mas ¡ay de vosotros, escribas y fariseos, hipócritas! Porque cerráis el reino de los cielos delante de los hombres... Porque devoráis las casas de las viudas, y como pretexto hacéis largas oraciones... Porque limpiáis lo de fuera del vaso y del plato, pero por dentro estáis llenos de robo y de injusticia (Mateo 23.5-7, 13-14, 25).

Jesús no le habló a nadie más con tal intensidad. Pero cuando vio a los hipócritas religiosos, aventó el fuego y sacó a la luz todos los granos y espinillas de los que se creían moralmente superiores a los demás. «Ellos aman el orar en pie en las sinagogas y en las esquinas de las calles, para ser vistos de los hombres» (Mateo 6.5).

Ésta es la definición exacta de la *hipocresía*: «ser vistos por la gente». La palabra griega para hipócrita, *hypokrites*, originalmente significaba «actor». Los actores del siglo primero llevaban máscaras. Un hipócrita, pues, es alguien que lleva puesta una máscara, una cara falsa.

Jesús no dijo «No hagáis buenas obras». Y tampoco sus instrucciones fueron «No dejéis que vuestras obras sean vistas». Debemos hacer buenas obras, y algunas de ellas, como la caridad o la enseñanza, deben ser vistas para poder tener un impacto en la sociedad. Así que vamos a ser claros. Hacer algo bueno está bien. Hacer algo bueno para ser visto, no. De hecho, hacer algo bueno para ser visto es una ofensa muy seria. Aquí está el porqué.

La hipocresía aparta a la gente de Dios. Cuando las almas hambrientas de Dios llegan a una congregación de aspirantes a superestrellas, ¿qué pasa? Cuando los que buscan a Dios ven a los cantantes pavoneándose como si fueran artistas de Las Vegas… Cuando oyen al predicador, un hombre de traje impecable, bien peinado y con mucha labia, hacerse con la multitud y excluir a Dios… Cuando otros asistentes al servicio se visten para que les miren y hacen mucha parafernalia sobre sus donativos y ofrendas… Cuando la gente entra en una iglesia para ver a Dios pero no puede ver a Dios a causa de la iglesia, no pienses ni por un segundo que Dios no hace nada al respecto. «Guardaos de hacer el bien movidos tan sólo por el ansia de que la gente os vea, porque en ese caso no recibiréis recompensa de vuestro Padre que está en los cielos» (Mateo 6.1 cst).

La hipocresía vuelve a la gente en contra de Dios. Así que Dios pone en práctica su política de tolerancia cero.

Deja que los cuerpos fríos y sin vida de la malversadora pareja reciban su merecido. Tomémonos la hipocresía tan seriamente como Dios lo hace. ¿Cómo?

1. *No esperes ningún mérito por las buenas obras.* Ninguno. Si nadie se da cuenta, no estés decepcionado. Si alguien lo ve, dale el mérito a Dios.

   Pregúntate esto: si nadie supiera el bien que hago, ¿seguiría haciéndolo? Si la respuesta es no, entonces es que lo estás haciendo para ser visto por la gente.

2. *Que tus donativos económicos sean en secreto.* El dinero saca al impostor que llevamos dentro. Nos gusta que nos vean ganarlo. Y nos gusta ser vistos cuando lo damos. Así que «cuando tú des limosna, no sepa tu izquierda lo que hace tu derecha» (Mateo 6.3).

3. *No seas un farsante espiritual.* Cuando vas a la iglesia, no busques un asiento sólo para ser visto o cantes sólo para ser oído. Si alzas tus manos en la alabanza, alza manos santas, no lo hagas para llamar la atención. Cuando hablas, no adulteres tu vocabulario con modernos términos religiosos. Nada provoca más náuseas que un falso «Alabado sea Dios» o un superficial «Aleluya» o un fingido «A Dios sea la gloria».

Conclusión: no hagas de tu fe un espectáculo de teatro. «¡Mírame! ¡Mírame!» es lo que dicen los niños cuando juegan en el patio, no lo que se dice en el reino de Dios.

Silencia las trompetas. Cancela el desfile. Basta ya de afán de protagonismo. Si llegan elogios, desvíalos educadamente antes de que te los creas. Da muerte al deseo de hacerte notar. Estimula el deseo de servir a Dios.

Presta atención al consejo de Cristo: «Limpia primero lo de dentro del vaso y del plato, para que también lo de fuera sea limpio» (Mateo 23.26). Céntrate en el interior y el exterior se ocupará de sí mismo. Deja tus motivaciones delante de Dios cada día, cada hora. «Examíname, oh Dios, y conoce mi corazón; pruébame y conoce mis pensamientos. Y ve si hay en mí camino de perversidad, y guíame en el camino eterno» (Salmo 139.23-24).

Haz cosas buenas. Pero no las hagas para llamar la atención. No vaya a ser que seas demasiado bueno en beneficio propio.

Mas cuando tú des limosna, no sepa tu izquierda lo que hace tu derecha, para que sea tu limosna en secreto; y tu Padre que ve en lo secreto te recompensará en público.

Mateo 6.3-4

Señor, dejaste muy claro en tu palabra que tú odias la hipocresía, en especial porque aleja a los demás de ti. Así que, Padre, te pido que cortes de raíz mi inclinación natural a buscar el reconocimiento personal por todas las cosas buenas que me permitas hacer. No quiero ser un farsante, y tampoco alguien que sólo busque la gloria. Lléname con tu Espíritu y enséñame a seguir su ejemplo dando alegremente toda la gloria a tu Hijo. En el nombre de Jesús, amén.

CAPÍTULO 10

Defiende a los que no tienen nada

Los judíos de habla griega se quejaron
de que sus viudas
no eran atendidas con la misma solicitud que
las viudas de los judíos de habla hebrea.

HECHOS 6.1 CST

Jim Wallis le dio unos cuantos tijeretazos a su Biblia. Era estudiante de seminario en la Trinity Evangelical Divinity School [Escuela Evangélica de la Divina Trinidad], y decidió, junto a unos cuantos compañeros de clase, eliminar algunos versículos. Le hicieron la cirugía a los sesenta y seis libros, empezando por el Génesis y no parando hasta llegar al Apocalipsis. Cada vez que encontraban un versículo que hablaba de pobreza, riqueza, justicia u opresión lo recortaban. Querían ver cómo de inmisericorde quedaba la Biblia. Cuando terminaron, casi dos mil versículos yacían en el suelo, y sólo quedaba un libro con las páginas hechas jirones.[1]

Si quitas de la Biblia todos los asuntos que atañen a los pobres, le quitas el mismo corazón. La prioridad de Dios son los pobres. Cuando los hambrientos oran, Él escucha. Cuando los huérfanos lloran, Él lo ve. Y cuando las viudas en Jerusalén fueron descuidadas, Él les encargó a sus mejores y más brillantes discípulos que las ayudaran.

El rápido crecimiento de la iglesia trajo gente necesitada, y entre los necesitados estaban las viudas. Ellas no tenían ninguna fuente de ingresos. Cuando enterraban a sus maridos, sepultaban con ellos su seguridad financiera. ¿Apoyo del gobierno? ¿Plan de pensiones? ¿La Sociedad de Empleo de Viudas? Todo eso no existía.

Conforme a la cultura de esos días, la familia extendida debía proveer su sustento. Pero la familia repudiaba los lazos familiares de los cristianos, dejando a las viudas de la iglesia una sola opción… la iglesia. La congregación respondía con la distribución diaria de comida, ropa y dinero.

Y ahí es cuando empezaron los problemas.

Por aquellos días creció con rapidez el número de los discípulos, y no tardaron en aparecer algunos signos de descontento. Ocurrió que, con ocasión de la distribución diaria de alimentos, los judíos de habla griega se quejaron de que sus viudas no eran atendidas con la misma solicitud que las viudas de los judíos de habla hebrea (Hechos 6.1 cst).

Se pasaban por alto las viudas de habla griega. ¿Por qué? Porque eran forasteras, inmigrantes. Estas mujeres no crecieron en Judea ni en Galilea. Eran naturales de las lejanas tierras de Grecia, Roma y Siria. Si hablaban un poco de arameo, era con acento.

Consecuentemente, «eran desatendidas en la distribución diaria». El repartidor de «Comida sobre ruedas» se saltaba su casa. El administrador de la despensa permitía que las mujeres hebreas escogieran primero. El director del banco de alimentos separaba las solicitudes en dos montones: locales e inmigrantes.

¿Cómo respondió la iglesia? Me estoy imaginando una reunión de los apóstoles, un círculo de caras barbudas: Andrés, Juan, Pedro, Tomás y los otros. Ellos habían oído las inquietudes de las mujeres y estaban deliberando distintas opciones. Ellos podían rechazarlas del todo. Podían ignorar a los necesitados y desatender a los abandonados. Después de todo, los apóstoles eran líderes espirituales. Ellos alimentaban almas, no estómagos. Se dedicaban a tratar asuntos relacionados con los pecados y la salvación, no sobre sandalias y sopa. ¿No podían ellos haber rechazado esta discrepancia como un tema innecesario? Podían, pero había un problema: su Maestro no lo había hecho.

Jesús, en su primer mensaje, declaró su pasión por los pobres. Ya al comienzo de su ministerio volvió a su ciudad natal para pronunciar un discurso inaugural. Entró en la misma sinagoga en la que había adorado cuando era joven y miró las caras de los aldeanos. Eran gente sencilla: picapedreros, carpinteros y artesanos. Sobrevivían con salarios mínimos y vivían bajo la sombra de la opresión romana. No había muchas novedades en Nazaret.

Pero éste era un día especial. Jesús estaba en la ciudad. El chico de pueblo que había llegado a lo más alto. Le pidieron que leyera las Escrituras, y aceptó. «Y se le dio el libro del profeta Isaías; y habiendo abierto el libro, halló el lugar donde estaba escrito» (Lucas 4.17).

Esto sólo pasa una vez en todos los Evangelios. Jesús *citó* las Escrituras muchas veces. Pero, ¿el Hijo de Dios escogiéndolas y leyéndolas? La única vez. Y en esta singular ocasión que se nos narra, ¿qué versículo escogió? Fue deslizando su dedo por el rollo hacia el final del texto y leyó: «El Espíritu del Señor está sobre mí, por cuanto me ha ungido para dar buenas nuevas a los pobres; me ha enviado a sanar a los quebrantados de corazón» (Lucas 4.18 citando Isaías 61.1).

Jesús alzó sus ojos del pergamino y citó textualmente el resto de palabras. La multitud, que apreciaba tanto estas palabras como Él mismo, las repitió con Él. «A pregonar libertad a los cautivos, y vista a los ciegos; a poner en libertad a los oprimidos; a predicar el año agradable del Señor» (Lucas 4.18-19).

Jesús se dirigía a una audiencia en particular. Los pobres. Los quebrantados de corazón. Los cautivos. Los ciegos y los oprimidos.

¿Su lista de cosas por hacer? Ayuda para el cuerpo *y* el alma, fuerza para lo físico *y* lo espiritual y terapia para lo temporal *y* lo eterno. «Ésta es mi declaración de intenciones», dijo Jesús. El Manifiesto de Nazaret.

Predicar el evangelio a los pobres.

Sanar a los quebrantados de corazón.

Proclamar libertad para los cautivos.

Devolver la vista a los ciegos.

Liberar a los oprimidos.

Y proclamar el año agradable del Señor.

«Año agradable del Señor» describe, quizá más que cualquier otra palabra, el compromiso radical de Jesús con los pobres. Son reminiscencias del año del Jubileo, una celebración que tenía lugar cada cincuenta años con la intención de presionar el botón de reiniciar de la maquinaria de la justicia.[2] Empezaba el día de la Expiación, cuando todo el mundo debía dejar descansar los campos. No se permitía la agricultura. El barbecho podía recuperarse de cuarenta y nueve años seguidos de plantación y cosecha.

Además, todos los esclavos eran puestos en libertad. Cualquiera que hubiera sido vendido en esclavitud o que se hubiera convertido en esclavo por voluntad propia para pagar deudas era liberado. El cautiverio se terminaba.

Y por si el año sabático de las tierras y la emancipación de los esclavos no fuera suficiente, todas las propiedades eras devueltas a sus propietarios originales. En una sociedad agrícola, la tierra era el capital. Las familias podían perder sus tierras por calamidades, enfermedad o incluso por holgazanería. La provisión del Jubileo garantizaba que cada familia, al menos dos veces cada siglo, tendría la oportunidad de empezar de nuevo.

Piensa un momento en el impacto que debía tener este decreto. Una sequía destruye toda la cosecha de un agricultor y deja a toda la familia en la ruina. Para poder sobrevivir, el agricultor decide vender su propiedad y emplearse como jornalero. Un astuto inversor se abate sobre la región y compra su granja y la de su vecino. En poco tiempo el promotor inmobiliario tiene un monopolio, y el granjero no puede hacer nada más que orar.

Pero entonces llega el año del Jubileo, que un escolar describió como «revolución planificada y regular».[3] Dios agita el Teleskecht social y da a todos una pizarra limpia. Este mandamiento fue planeado para prevenir el anquilosamiento de una clase baja de pobres y esclavos. La gente aún podía ser rica, muy rica, pero no podían construir su riqueza a costa de los muy pobres.

Por lo que sabemos, la gente de Israel jamás puso en práctica el año del Jubileo. Aun así, Jesús alude a él en su discurso inaugural. ¿Qué nos dice eso acerca del corazón de Dios? Al menos una cosa: que Él valora un campo de juego donde todos tienen las mismas oportunidades. En su sociedad, los tengo-mucho y los tengo-poco nunca están tan alejados unos de otros que no puedan verse.

¿Pueden verse los unos a los otros hoy en día?

No muy bien. Según el Informe sobre el Desarrollo Humano de las Naciones Unidas, tres cuartas partes de los ingresos mundiales se reparten entre el veinte por ciento de la población mundial.[4] Las estadísticas pueden parecernos confusas, así que imagínate esto.

Diez granjeros productores de leche ocupan el mismo valle. Entre todos tienen un total de diez vacas lecheras. Pero las vacas no están distribuidas por igual entre los diez granjeros, no tocan a una vaca por cabeza. La situación es ésta: dos de los granjeros tienen ocho vacas, y los otros ocho granjeros comparten dos vacas. ¿Te parece eso justo?

Nosotros, los que poseemos las ocho vacas, podríamos decir: «Yo trabajé para tener mis vacas». O «No es mi culpa que tengamos más animales». Pero quizá deberíamos hacernos esta pregunta: «¿Por qué sólo unos pocos de nosotros tenemos tanto y la gran mayoría tiene tan poco?»

Me pasé gran parte de una mañana meditando en esta pregunta cuando estuve en la granja de Dadhi en Etiopía. Dadhi es un marido y un padre fuerte y luchador. Su choza de suelo de barro cabría fácilmente en mi garaje. Cestos hechos a mano por su mujer decoran las paredes. A los lados guardan enrolladas las esterillas de paja que usarán para dormir los siete miembros de la familia cuando caiga la noche. Los cinco hijos de Dadhi sonríen con facilidad y abrazan con fuerza. No saben lo pobres que son.

Dadhi sí. Gana menos de un dólar al día trabajando en una granja cercana. Él podría trabajar su propia tierra, pero una plaga mató a su buey, el único que tenía. Y sin buey, no puede arar. Si no ara, no puede sembrar la cosecha. Y si no puede sembrar, no puede recoger.

Todo lo que necesita es un buey.

Dadhi es enérgico y trabajador. Ha sacado adelante un negocio y ha sido fiel a su esposa. No ha cometido ningún delito. Los vecinos le respetan. Parece igual de inteligente que yo, incluso un poco más. Ambos compartimos las mismas aspiraciones y sueños. Yo garabateé una tabla con una lista de nuestros atributos mutuos.

Atributos	Dadhi	Max
Capacidad física	X	X
Trabajador	X	X
Con formación	X	X
Ama a la familia	X	X
Sobrio y sin problemas de adicción	X	X
Buena reputación	X	Ya me lo dirán

Tenemos mucho en común. Entonces, ¿por qué hay tanta diferencia? ¿Por qué Dadhi necesita un año para ganar lo que yo me gasto en un chándal?

Parte de la compleja respuesta es ésta: él nació en el sitio equivocado. Es, como dijo Bono, «un accidente de la latitud».[5] Una latitud desprovista de seguro de desempleo, pensión de invalidez, becas para la universidad, Seguro Social y complementos del gobierno. Una latitud, en gran parte, sin bibliotecas, vacunas, agua limpia y carreteras asfaltadas. Yo me beneficio de todo eso. Dadhi no tiene acceso a nada.

En el juego de la vida, muchos de nosotros que cruzamos la base de meta lo hacemos porque nacimos en la tercera base. Otros ni siquiera están en un equipo.

No tienes que pasarte dieciséis horas en un avión para encontrar a Dadhi o a otros como él. Viven en la residencia por la que pasas por delante cuando vas a trabajar o se acumulan en la oficina de desempleo de la esquina. Son los pobres, los quebrantados de corazón, los cautivos y los ciegos.

Hay gente que es pobre porque es perezosa. Necesitan una buena patada en las posaderas... Otros, sin embargo, son pobres porque tienen parásitos que les debilitan el cuerpo, porque pasan seis horas al día recogiendo agua, porque los rebeldes armados saquearon sus granjas o porque el SIDA se llevó a sus padres.

¿Podría esta gente usar un poco del Jubileo?

Claro que podrían. Así que...

Primero, *dejemos que la iglesia actúe en nombre de los pobres*. Los apóstoles lo hicieron. «Entonces los doce convocaron a la multitud de los discípulos» (Hechos 2.6). Ellos reunieron en asamblea a toda la iglesia. La falta de equidad garantizaba una amplia discusión de iglesia. Los líderes querían que cada miembro supiese que esta iglesia se tomaba la pobreza muy en serio. La solución final a la pobreza se encuentra en la compasión del pueblo de Dios.

La Escritura no promociona una especie de comunismo superficial, sino un voluntariado guiado por el Espíritu entre los hijos de Dios.

Segundo, *dejemos que los más brillantes entre nosotros sean los que nos guíen.* «Buscad, pues, hermanos, de entre vosotros a siete varones de buen testimonio, llenos del Espíritu Santo y de sabiduría, a quienes encarguemos de este trabajo» (v. 3).

La primera reunión de iglesia llevó a la creación del primer grupo de trabajo. Los apóstoles dieron libertad absoluta a su mejor gente en el problema más grande. El reto pide esto. «La pobreza *es* física cuántica», me dijo Rich Stearns, presidente de Visión Mundial en los Estados Unidos. Las soluciones fáciles no existen. La mayoría de nosotros no sabe qué hacer con la avalancha de la deuda pública, la retención en las fronteras de medicamentos que podrían salvar vidas, la corrupción en los puertos marítimos o el secuestro de niños. La mayoría de nosotros no sabe qué hacer, ¡pero alguien sí lo sabrá!

Hay gente que está invirtiendo cada gramo de sabiduría dada por Dios en la resolución de estos problemas. Necesitamos organizaciones especializadas, como Visión Mundial, Compasión Internacional, Agua Viva y Misión Internacional de Justicia. Necesitamos lo mejor de lo mejor para continuar el legado del equipo de trabajo de Jerusalén que aparece en Hechos 6.

Una idea más. *Enójate.* Enfádate lo suficiente para responder. La ira justificada mejoraría el mundo. La pobreza no es la falta de caridad sino de justicia. ¿Por qué dos de nosotros tenemos ocho vacas mientras que el resto sólo tiene dos? ¿Por qué mil millones de personas se van hambrientas a la cama cada noche?[6] ¿Por qué casi treinta mil niños mueren cada día, uno cada tres segundos, de hambre y de enfermedades que se podrían fácilmente prevenir?[7] No es justo. ¿Por qué no hacer nada al respecto?

De nuevo tengamos en cuenta que uno solo no puede hacerlo todo, pero que todos juntos podemos hacer mucho.

Algunos pueden ayunar y orar por el pecado social. Otros pueden estudiar y hablar en contra. ¿Y qué pasa contigo? Sal de tu zona de comodidad, por el amor de Dios. ¿Por qué no dar un estudio bíblico en los barrios marginales de la ciudad? ¿Y usar tus vacaciones para construir casas en pueblos que han sido arrasados por un huracán? ¿Optar a un cargo público que te permita aumentar la obra social? ¿Ayudar a un granjero a conseguir un buey?

Hablando de esto, recibí una nota de Dadhi el otro día. Incluía una foto suya con el nuevo miembro de la familia. Un miembro de 136 kilos y cuatro patas. Ambos sonreían. Y creo que Dios también.

Creer en Dios el Padre es agradarlo y hacer el bien,
ayudar a las viudas y a los huérfanos cuando sufren,
y no dejarse vencer por la maldad del mundo.

Santiago 1.27 BLS

Amado Señor, Jesús prometió que siempre tendríamos a los pobres con nosotros. Ayúdame a asegurarme de que lo contrario también es verdad, que yo esté siempre en medio de los pobres ayudando, animando y echando una mano donde sea necesario. Capacítame para amar al Dios invisible sirviendo a los pobres, a quienes puedo ver, donde me hayas puesto. Ayúdame a ser creativo sin ser condescendiente, alentador sin ser narcisista, valiente sin ser insensato. Que los pobres te bendigan a causa de mí, y que mis esfuerzos de algún modo reduzcan el número de pobres. En el nombre de Jesús, amén.

CAPÍTULO 11

Recuerda quién te sostiene

El cielo es mi trono, y la tierra el estrado de mis pies.

¿Qué casa me edificaréis? dice el Señor;

¿O cuál es el lugar de mi reposo?

¿No hizo mi mano todas estas cosas?

HECHOS 7.49-50

Cuando mi sobrino Lawson tenía tres años me pidió que jugásemos al baloncesto. Es un torbellino de pelo rubio muy clarito que adora cualquier cosa que sea redonda y bote. Cuando vio la pelota y la canasta en el camino de entrada a casa no pudo resistirse.

La pelota, sin embargo, era casi tan grande como él, y la canasta medía tres veces su altura. Sus mejores tiros quedaban cortos. Así que me propuse hacérselo más fácil. Bajé la canasta de tres metros a dos metros y medio. Le situé más cerca del objetivo. Le enseñé cómo lanzar la bola bien alto. Pero no sirvió de nada. La pelota ni siquiera se acercó a la red. Así que le levanté. Le puse una mano en la espalda y la otra debajo de él y le elevé todo lo alto que pude hasta que el aro estuvo delante de sus ojos.

«¡Encesta, Lawson!», le grité. Y lo hizo. Hizo rodar la pelota por encima del aro metálico y la dejó caer. ¡Canasta!

¿Y cómo reaccionó el pequeño Lawson? Estando aún en mis brazos, levantó sus puños en el aire y dijo: «¡Lo hice yo solo! ¡Lo hice yo solo!»

Un poco exagerado, ¿no crees, colega? Después de todo, ¿quién te sostenía? ¿Quién te sujetaba con firmeza para que no cayeras? ¿Quién te enseñó cómo hacerlo? ¿No te estás olvidando de alguien?

Esteban les hizo las mismas preguntas a los líderes religiosos judíos.

Era uno de los siete hombres encargados de atender a las viudas de los gentiles. Lucas le describe como un hombre «lleno de gracia y de poder, [y que] hacía grandes prodigios y señales entre el pueblo» (Hechos 6.8). Su ministerio, sin embargo, despertaba animadversión. Una secta de celosos enemigos le acusaron falsamente de blasfemia. Le llevaron ante el concilio del Sanedrín y le pidieron que se defendiera de las acusaciones. ¡Y vaya si lo hizo!

Causó revuelo incluso antes de abrir la boca. «Y al fijar la mirada en él, todos los que estaban sentados en el concilio vieron su rostro como el rostro de un ángel» (Hechos 6.15 LBLA). Mejillas brillantes. Luz saliendo por todos los poros de su cara. ¿Su barba titilaba? ¿El cielo le había sumergido en un baño de resplandor? No sé cómo imaginarme la escena. Pero sí cómo interpretarla. Era Dios el que hablaba. El sermón no sale de la mente de Esteban, sino del corazón de Dios. Cada vocal, cada consonante y cada carraspeo. No era un mensaje superficial.

Más bien era un mensaje de peso. Cincuenta y dos versículos que llevaron a la audiencia desde Abraham hasta Jesús. Dos mil años de historia hebrea dieron como resultado una acusación: «Estáis olvidando quién os sostiene».

Esteban empezó con la promesa de la tierra.

> El Dios de gloria apareció a nuestro padre Abraham cuando estaba en Mesopotamia, antes que habitara en Harán, y le dijo: «Sal de tu tierra y de tu parentela, y ve a la tierra que yo te mostraré.» Entonces él salió de la tierra de los caldeos y habitó en Harán. Y de allí, después de la muerte de su padre, Dios lo trasladó a esta tierra en la cual ahora vosotros habitáis (Hechos 7.2-4).

La única razón por la que los judíos disfrutaban del pedazo de tierra en el que estaban era la bondad de Dios. Él «apareció», «dijo», «prometió», «habló», «dijo» y «dio» (vv. 2, 3, 5, 6, 7, 8). Ya entonces, los hijos de Abraham casi lo echaron todo a perder. Vendieron a su hermano como esclavo a los egipcios, se repartieron el botín y se inventaron una fábula sobre una muerte accidental. La familia vivió con la mentira durante décadas (vv. 9-15). ¿Es así como se comporta la gente que Dios ha elegido?

Pero Dios intervino. Él «estaba con [José]», «le rescató», «le dio gracia», «le dio sabiduría» y «lo puso por gobernador» (vv. 9-10). Cuando la gente se olvida de Dios, es Él quien les busca.

Esteban continuó con la historia de Moisés, quien «era hermoso a la vista de Dios» (v. 20). Esteban narró la infancia de Moisés entre los egipcios, sus cuarenta años de aislamiento y su rol como gobernante y salvador.

> [Moisés] los sacó, habiendo hecho prodigios y señales en tierra de Egipto, y en el Mar Rojo, y en el desierto por cuarenta años...
>
> Éste es aquel Moisés que estuvo en la congregación en el desierto con el ángel que le hablaba en el monte Sinaí, y con nuestros padres, y que recibió palabras de vida que darnos (vv. 36, 38).

Una vez más Dios fue el Gran Iniciador. Puso a Moisés en la casa del faraón y le educó en las más selectas escuelas de Egipto. Le preparó en tierras salvajes y le equipó con poder para dividir el Mar Rojo. Dios le dio al pueblo comida en el desierto y leyes en la montaña. ¿Y cómo respondió la gente? Le olvidaron. Le pidieron billetes en el primer autobús que volviera a Egipto. De hecho esto es lo que demandaron:

> «Fabrícanos unos dioses para que nos guíen en el camino. Porque Moisés nos sacó de Egipto, pero ahora no sabemos qué le ha pasado». Hicieron entonces una estatua con forma de toro y sacrificaron animales para adorarla. Luego hicieron una gran fiesta en honor de la estatua, y estaban muy orgullosos de lo que habían hecho. Por eso Dios decidió olvidarse de ellos (vv. 40-42 BLS).

El eco del mensaje de Esteban sonó como un redoble de tambor en la sala de reuniones. *Nuestros antepasados olvidaron quién nos trajo aquí. Olvidaron quién nos acompañó. Se apartaron de Dios, y ahora ustedes han intentado dejarle… ¡encerrado en una caja!*

Tuvieron nuestros padres el tabernáculo del testimonio en el desierto… hasta los días de David. Éste halló gracia delante de Dios, y pidió proveer tabernáculo para el Dios de Jacob. Mas Salomón le edificó casa (vv. 44-47).

Esteban no estaba siendo irrespetuoso con el tabernáculo o con el templo. Ambos estaban construidos de acuerdo a la voluntad de Dios. El error no fue que construyeran estos sitios para la adoración, sino pensar que estas estructuras podían contener a Dios.

Si bien el Altísimo no habita en templos hechos de mano, como dice el profeta:

El cielo es mi trono,
y la tierra el estrado de mis pies.
¿Qué casa me edificaréis? dice el Señor;
¿O cuál es el lugar de mi reposo?
¿No hizo mi mano todas estas cosas? (vv. 48-50).

¿La traducción? Dios no puede ser ubicado en un solo sitio. No tiene dirección. Nadie tiene su monopolio. Ningún templo puede limitarlo.

Estas palabras no les sentaron nada bien a los miembros del Sanedrín. El templo era el orgullo del pueblo. Enormes piedras, oro reluciente, macizos arcos abovedados y, sobre todas las demás cosas, el Santo de los santos: era la casa de Dios. Los judíos llevaban esta gran pegatina en la parte trasera de sus carros de bueyes: «No te metas con el templo». Pero Esteban retó su orgullo con una gran verdad: *Habéis olvidado cuán grande es Dios.*

Hasta ahora, nada bueno. Te vanaglorias de una tierra que no has conquistado, de una ley que tú no cumples y de una cajita de piedra que no podría ni encerrar el dedo meñique de Dios. ¿Cómo te ves a ti mismo? Muy grande. ¿Cómo ves a Dios? Muy pequeño. Tan pequeño que te lo perdiste cuando vino a la ciudad.

> ¿A cuál de los profetas no persiguieron vuestros padres? Y mataron a los que anunciaron de antemano la venida del Justo, de quien vosotros ahora habéis sido entregadores y matadores; vosotros que recibisteis la ley por disposición de ángeles, y no la guardasteis (vv. 52-53).

Esteban podría también haberles dicho a los confederados del sur en la guerra civil de Estados Unidos que su himno popular, «Dixie», había sido creado en un bar del norte *yankee*. El Concilio montó en cólera. Ellos «crujían los dientes contra él» (v. 54). Enseñaron sus colmillos como cuando los chacales se abalanzan sobre la carne fresca. «Entonces ellos... se taparon los oídos, y arremetieron a una contra él. Y echándole fuera de la ciudad, le apedrearon» (vv. 57-58).

El orgullo es espantoso. Preferiría matar la verdad antes que considerarla posible.

¿No se nos acerca sigilosamente? Empezamos nuestro viaje espiritual siendo pequeños. La conversión es un acto de humildad. Confesamos nuestros pecados, suplicamos misericordia y nos arrodillamos. Dejamos que alguien nos sumerja en las aguas del bautismo. Empezamos siendo modestos, como niños tímidos que extienden sus manos llenas de barro a un Dios sin pecado. Sintonizamos con el ladrón colgado en la cruz, nos identificamos con el adulterio perdonado de David y encontramos esperanza en la traición indultada de Pedro. Desafiamos a Pablo cuando se autodenominó el mayor de los pecadores, preguntándonos si alguien puede necesitar o atesorar la gracia tanto como nosotros.

Venimos a Dios en humildad. No hay arrogancia, no hay vanagloria, no hay declaraciones de «lo he hecho yo solo». No presumimos de músculos ni vamos reclamando los éxitos. Juntamos nuestros mancillados corazones y se los ofrecemos a Dios como si fueran una flor aplastada y sin perfume: «¿Puedes devolverle la vida a esto?»

Y Él lo hace. *Él*. No nosotros. Él es el que hace el milagro de la salvación. Nos sumerge en misericordia. Cose los retazos de nuestra alma. Nos hace depositarios de su Espíritu y nos implanta dones celestiales. Nuestro gran Dios bendice nuestra pequeña fe.

Entendemos los roles a la perfección. Él es la Vía Láctea; nosotros somos las pulgas de mar. Él es U2; nosotros, la banda de barrio que toca en el garaje. Y está bien. Necesitamos un Dios grande, porque hemos hecho de nuestras vidas un gran desastre.

Gradualmente nuestro Dios nos cambia. Y, muy agradecidos, somos menos codiciosos, gastamos menos y nos fijamos más en las cosas celestiales. Pagamos las facturas, prestamos atención a nuestros cónyuges, respetamos a nuestros padres. La gente nota la diferencia. Nos aplauden. Nos ascienden. Nos admiran. Nos nombran. Nos atrevemos a ir más allá de nuestras vidas. Nosotros, que vinimos a Cristo como pecadores, sucios y pequeños, podemos conseguir cosas. Construimos orfanatos, dirigimos empresas, ayudamos a los confusos a salir de la depresión y sanamos a los enfermos. ¡Incluso escribimos libros! Ya no nos sentimos pequeños. La gente nos habla como si fuéramos especiales.

«Tienes mucha influencia».

«Tú fe es muy fuerte».

«Necesitamos más santos como tú».

Te sientes bien. Las felicitaciones se convierten en escalones, y empezamos a sentirnos importantes. Nos despojamos de nuestra pequeñez, nos deshacemos de las gafas de Clark Kent y nos vestimos con la fanfarronería de Superman. Olvidamos. Olvidamos quién nos ha traído hasta aquí.

Nos comportamos como la garrapata en la oreja del elefante. El enorme animal se separó de su manada y embistió un puente de madera. El viejo puente tembló y crujió, casi incapaz de soportar el peso. Cuando llegaron a la otra orilla, la garrapata hinchó el pecho y dijo: «Chico, ¡cómo hicimos agitar ese puente!»[1]

Pensamos que estamos llevando las riendas del mundo cuando, de hecho, sólo estamos dando un paseo.

Tómate un tiempo para recordar. «Recuerden lo que ustedes eran cuando Dios los eligió» (1 Corintios 1.26 BLS). Recuerda quién te sostuvo en el principio. Recuerda quién te sostiene hoy.

Moisés lo hizo. Él fue un príncipe de Egipto y el libertador de los esclavos, pero «Moisés era muy humilde, más humilde que cualquier otro sobre la tierra» (Números 12.3 NVI). El apóstol Pablo supo lo que era estar arriba y estar abajo. Él fue salvado por Jesús en persona, le fue concedida una visión del cielo y el don de levantar a los muertos. Pero cuando se presentaba, sólo decía: «Pablo, siervo de Dios» (Tito 1.1). Juan el Bautista era un familiar directo de Jesús y uno de los evangelistas más conocidos de la historia. Pero en la Escritura es recordado como el que dijo: «Es necesario que él crezca, pero que yo mengüe» (Juan 3.30).

¿Y qué hay sobre John Newton? Este ex traficante de esclavos fue pastor desde 1764 hasta su muerte, acaecida en 1807. Era el confidente de líderes tan conocidos como Hannah More y William Wilberforce. Los centenares de himnos que escribió aún llenan las iglesias con música. Pero en su lecho de muerte el autor del himno «Sublime gracia» dijo estas palabras a un joven pastor: «Me voy antes que tú, pero tú pronto vendrás conmigo. Cuando llegues, nuestra amistad, sin duda, hará que preguntes por mí. Pero puedo decirte ahora mismo donde es probable que me encuentres: estaré sentado a los pies del ladrón que fue salvado por Jesús en Sus últimos momentos en la cruz».[2]

John Newton nunca olvidó quién le había levantado.

El mayor ejemplo de esta humildad no es otro que Jesucristo. ¿Quién tendría más razones para jactarse que él? Pero jamás lo hizo. Anduvo sobre el agua, pero no se pavoneó en la playa. Convirtió un cesto de comida en un buffet libre, pero no pidió que le aplaudieran. Un libertador y un profeta vinieron a visitarle, pero nunca mencionó sus nombres en un sermón. Podía haberlo hecho. «Mira, el otro día estuve reunido con Moisés y Elías». Pero Jesús nunca se enorgulleció. Incluso rechazó atribuirse los méritos. «No puedo yo hacer nada por mí mismo» (Juan 5.30). Dependía totalmente del Padre y del Espíritu Santo. «¿Lo he hecho yo solo?» Jesús nunca pronunció estas palabras. Y si Él no lo hizo, ¿cómo osaremos hacerlo nosotros?

Podemos subir muy alto, pero jamás rebajarnos demasiado. ¿Qué estás dando que Él no diera antes que tú? ¿Qué verdad estás enseñando que Él no enseñara primero? Tú amas. Pero, ¿quién te amó primero? Tú sirves. Pero, ¿quién hizo el mayor servicio? ¿Qué estás haciendo para Dios que Él no pudiera hacer solo?

Es muy amable de su parte el usarnos, y es sabio que nosotros lo recordemos.

Esteban no lo olvidó. Y como él se acordó de Jesús, Jesús se acordó de él. Mientras los acusadores de Esteban cogían las piedras, él miró hacia Cristo. «Pero Esteban, lleno del Espíritu Santo, puestos los ojos en el cielo, vio la gloria de Dios, y a Jesús que estaba a la diestra de Dios» (Hechos 7.55).

Esteban lo soportó en nombre de Cristo, y, al final, Cristo le devolvió el favor.

*¿Qué tenéis que Dios no os haya dado? Y si lo que
tenéis os lo ha dado Dios, ¿por qué os jactáis como si
lo hubierais conseguido con vuestro propio esfuerzo?*

1 Corintios 4.7 CST

Padre mío, desearía que la actitud de Juan el Bautista fuese
la mía: que Jesús creciera mientras yo fuera menguando.
Dame una visión de ti cada vez mayor para que pueda
verme con más claridad y, así, tenga más motivo para gozar
cada día de tu sublime gracia. Mantén el orgullo lejos de
mí, y dame la sensatez necesaria para humillarme de forma
saludable de tal manera que traiga fuerza y gozo a todos los
que me rodean. Recuérdame constantemente, Señor, que
tú eres el que sostiene mi vida, mi respirar y mi futuro
eterno en tus manos amorosas, y que todo lo bueno que
tengo viene de ti. Nunca me dejes olvidar que sin ti no
puedo hacer nada, pero que en Cristo puedo hacerlo todo.
Tú eres la diferencia. En el nombre de Jesús, amén.

CAPÍTULO 12

Derriba unos cuantos muros

Aquí hay agua; ¿qué impide que yo sea

bautizado? Felipe dijo:

Si crees de todo corazón, bien puedes.

HECHOS 8.36-37

Los fans animaron la competición. Las animadoras cambiaron de bando. El entrenador ayudó al equipo contrario a anotar puntos. Los padres gritaron y alentaron a los competidores.

¿Qué estaba pasando?

Lo que pasaba era obra de un entrenador de fútbol americano con un gran corazón, y tenía lugar en Grapevine, Texas. Kris Hogan capitanea el exitoso programa Faith Christian High School [Instituto Fe Cristiana]. Dispone de setenta jugadores, once entrenadores, equipamiento de calidad y padres que participan en el proyecto, diseñan pancartas, asisten a todas las reuniones de motivación y no se perderían un partido ni para ir a su propio funeral.

Llevaron su récord, 7 – 2, a un partido con la Escuela Estatal de Gainesville. Los jugadores de Gainesville, por el contrario, llevaban hombreras viejas y cascos de hacía una década, y llegaban a cada encuentro esposados. Sus padres no iban a verles jugar; en su lugar lo hacían doce oficiales uniformados. Eso es porque Gainesville es un centro correccional de máxima seguridad. La escuela no tiene estadio, ni equipo de animadoras, ni ninguna esperanza de ganar. Gainesville iba 0 – 8 cuando jugaron contra Grapevine. Sólo habían anotado dos *touchdown* en toda la temporada.

La situación no parecía justa en absoluto. Así que el entrenador Hogan diseñó un plan. Les pidió a los fans que fueran al otro lado del campo y sólo por esta vez animasen al otro equipo. Se presentaron más de doscientos voluntarios.

Crearon un equipo de animación enorme. Pintaron «¡Ánimo Tornados!» en una pancarta que la cuadrilla del Gainesville había sacado de algún lado. Se sentaron en su lado del estadio. Incluso se aprendieron los nombres de los jugadores para poder gritar y animar a cada uno de ellos.

Los prisioneros habían oído antes gente gritando sus nombres y nunca les había gustado. Gerald, un guardalínea condenado a tres años, dijo: «La gente, por lo general, nos tiene miedo cuando vamos a los partidos. Lo ves en sus ojos. Nos miran como criminales. Pero estas personas nos están animando, ¡por nuestros nombres!»

Después del partido los equipos se reunieron en el medio del campo para orar. Uno de los jugadores del reformatorio pidió ser el encargado de la oración. El entrenador Hogan accedió, sin saber qué esperar. «Señor», dijo el chico, «no sé cómo ha pasado esto, así que no sé cómo darte las gracias, pero nunca hubiera pensado que hubiera tanta gente en el mundo a la que le importáramos».

Los fans del equipo de Grapevine aún no habían terminado su trabajo. Después del partido esperaron al lado del autobús de los chicos para darle a cada jugador un regalo de despedida: hamburguesas, papas fritas, golosinas, refrescos, una Biblia, una carta de ánimo y una ronda de aplausos. Cuando el autobús abandonaba el aparcamiento, los jugadores apretaban sus caras atónitas contra el cristal y se preguntaban qué era lo que acababa de pasarles.[1]

Esto era lo que les había pasado: habían sido golpeados por un escuadrón de expertos demoledores de intolerancia. ¿Su tarea? Convertir los prejuicios en polvo. ¿Sus armas? Una ráfaga de «Tú aún importas» y «Alguien aún cuida de ti». ¿Su misión? Demoler las barricadas que mantienen a los hijos de Dios separados unos de otros.

¿Hay muros que dividen tu mundo en dos? Tú estás en un lado. ¿Y en el otro? En el otro está la persona a la que has aprendido a ignorar, quizá incluso a desdeñar. El adolescente que lleva tatuajes. El jefe forrado de dinero. El inmigrante con un acento difícil de entender. La persona que opina distinto a ti en cuanto a política. El mendigo que espera sentado en el exterior de tu iglesia cada semana.

O los samaritanos fuera de Jerusalén.

Hablamos de un muro, muy antiguo y muy alto. Juan escribió en su evangelio: «judíos y samaritanos no se tratan entre sí» (Juan 4.9). Las dos culturas se habían odiado una a la otra durante miles de años. La contienda incluía acusaciones de apostasía, endogamia y deslealtad al templo. Los samaritanos estaban en la lista negra. Sus camas, utensilios, incluso su saliva eran considerados impuros.[2] Ningún judío ortodoxo viajaría a través de su región. La mayoría de los judíos caminarían con gusto el doble de la distancia de su viaje antes de pasar por Samaria.

Jesús, sin embargo, jugó con otras reglas. Él pasó gran parte del día en el pozo de una mujer samaritana, bebiendo agua de su cucharón y contestando sus preguntas (Juan 4.1-26). Dio un paso al otro lado del tabú cultural como si éste fuera un perro de guardia dormido en la puerta. A Jesús le encanta echar muros abajo.

Es por eso que envió a Felipe a Samaria.

Entonces Felipe, descendiendo a la ciudad de Samaria, les predicaba a Cristo. Y la gente, unánime, escuchaba atentamente las cosas que decía Felipe, oyendo y viendo las señales que hacía. Porque de muchos que tenían espíritus inmundos, salían éstos dando grandes voces; y muchos paralíticos y cojos eran sanados…

Pero cuando creyeron a Felipe, que anunciaba el evangelio del reino de Dios y el nombre de Jesucristo, se bautizaban hombres y mujeres (Hechos 8.5-7, 12).

La ciudad renació por completo. Pedro y Juan oyeron estas cosas y viajaron de Jerusalén a Samaria para confirmarlo. «[Ellos], habiendo venido, oraron por ellos para que recibiesen el Espíritu Santo; porque aún no había descendido sobre ninguno de ellos, sino que solamente habían sido bautizados en el nombre de Jesús. Entonces les imponían las manos, y recibían el Espíritu Santo» (vv. 15-17).

Es curioso el orden de los acontecimientos. ¿Por qué los samaritanos no habían recibido el Espíritu Santo? En el día de Pentecostés, Pedro había prometido el don del Espíritu a todos aquellos que se arrepintieran y se bautizaran. ¿Cómo, entonces, podemos explicar que el bautismo de los samaritanos, según Lucas, no fuese acompañado del Espíritu? ¿Por qué retrasar el don?

Muy fácil. Para celebrar la caída de un muro. El evangelio, por primera vez, estaba abriendo una brecha en el ancestral prejuicio. Dios indicó el momento exacto con un gran desfile con confeti. Él extendió la alfombra roja y envió a sus discípulos a verificar el renacimiento y a imponerles las manos a los samaritanos. Echa fuera cualquier duda sobre esto: Dios acepta a todas las personas.

Pero aún no había terminado el trabajo. También envió a Felipe en una segunda misión para acercar culturas.

Un ángel del Señor habló a Felipe, diciendo: Levántate y ve hacia el sur, por el camino que desciende de Jerusalén a Gaza, el cual es desierto. Entonces él se levantó y fue. Y sucedió que un etíope, eunuco, funcionario de Candace reina de los etíopes, el cual estaba sobre todos sus tesoros, y había venido a Jerusalén para adorar, volvía sentado en su carro, y leyendo al profeta Isaías. Y el Espíritu dijo a Felipe: Acércate y júntate a ese carro (vv. 26-29).

Había muros que separaban a Felipe del eunuco. El etíope tenía la piel oscura; Felipe era de un color más claro. El oficial era natural de la lejana África; Felipe había crecido cerca de allí. El viajero era lo suficientemente rico para viajar. ¿Y quién era Felipe sino un pobre refugiado desterrado de Jerusalén? Y no podemos pasar por alto el delicado asunto de los distintos niveles de testosterona. Felipe, como se nos dice más tarde, era padre de cuatro hijas (Hechos 21.9). El oficial era un eunuco. No tenía mujer ni hijos, ni planes de tenerlos más adelante. Las vidas de estos dos hombres no podrían haber sido más distintas.

Pero Felipe no titubeó. «Entonces Felipe, abriendo su boca, y comenzando desde esta escritura, le anunció el evangelio de Jesús. Y yendo por el camino, llegaron a cierta agua, y dijo el eunuco: Aquí hay agua; ¿qué impide que yo sea bautizado?» (Hechos 8.35-36)

Sin preguntas. Un oficial africano negro, influyente y afeminado se gira hacia un cristiano de Jerusalén blanco, raso y viril y le pregunta: «¿Hay alguna razón que impida que yo tenga lo que tú tienes?»

¿Qué pasaría si Felipe hubiera dicho: «Mira, pues ahora que lo mencionas, sí. Lo siento. No eres nuestro tipo»?

Pero Felipe, miembro fundador del equipo de demolición de la intolerancia, hizo volar el muro y le invitó:

«Felipe dijo: Si crees de todo corazón, bien puedes. Y respondiendo, dijo: Creo que Jesucristo es el Hijo de Dios» (v. 37).

La próxima cosa que se nos dice es que el eunuco ya ha sido bautizado, está silbando «Cristo me ama», Felipe prosigue a su próxima tarea y la iglesia ya tiene a su primer converso no judío.

Y nos quedamos un poco perplejos. ¿Qué hacemos con un capítulo como éste? Samaria. Pedro y Juan llegando. El Espíritu Santo derramándose. Gaza. Un oficial etíope. Felipe. ¿Qué nos enseñan estos sucesos? Nos muestran cómo Dios se siente respecto de la persona que hay al otro lado del muro.

Porque él es nuestra paz, que de ambos pueblos hizo uno, derribando la pared intermedia de separación, aboliendo en su carne las enemistades, la ley de los mandamientos expresados en ordenanzas, para crear en sí mismo de los dos un solo y nuevo hombre, haciendo la paz, y mediante la cruz reconciliar con Dios a ambos en un solo cuerpo, matando en ella las enemistades (Efesios 2.14-16).

La cruz de Cristo crea nuevas personas, gente que no se fija en el color de la piel o en las disputas de nuestros antepasados. Una nueva ciudadanía que no se basa en una ascendencia común o en la proximidad geográfica, sino en que tenemos el mismo Salvador.

Mi amigo Buckner Fanning experimentó esto de primera mano. Él fue marine en la Segunda Guerra Mundial, y fue destinado a Nagasaki tres semanas después del lanzamiento de la bomba atómica. ¿Puedes imaginarte a un joven soldado americano en medio de los escombros y las ruinas de una ciudad destruida? Las víctimas de las quemaduras provocadas por la radicación deambulaban por las calles. La lluvia radioactiva mojaba la ciudad. Se incineraban los cuerpos en ataúdes negros. Los supervivientes se arrastraban por las calles buscando a sus familiares, algo de comida y esperanza. Los soldados vencedores no se sentían victoriosos, sino que les embargaba un profundo dolor al ver el sufrimiento que había a su alrededor.

En vez de ira y venganza, Buckner encontró un oasis de misericordia. Mientras patrullaba en las callejuelas estrechas, por casualidad encontró un cartel escrito en inglés que decía: Iglesia Metodista. Se apuntó la dirección y decidió volver el siguiente domingo por la mañana.

Cuando lo hizo, accedió a un edifico parcialmente derrumbado. Las ventanas estaban hechas añicos; las paredes, combadas. El joven marine dio un paso a través de los escombros, inseguro de cómo sería recibido. Unos quince japoneses estaban levantando las sillas y quitando restos. Cuando el uniformado americano entró, pararon y le miraron.

Sólo sabía una palabra en japonés. Y la oyó. *Hermano.* «Me recibieron como a un amigo», relata Buckner, con el recuerdo vívido de ese momento aún resonando en su cabeza más de sesenta años después de los hechos. Le ofrecieron una silla. Abrió su Biblia y, sin entender el sermón, se sentó y observó. Cuando partieron el pan los fieles le acercaron los elementos. En ese momento de calma, la enemistad entre sus naciones y el dolor de la guerra fue dejado a un lado mientras un cristiano le servía a otro el cuerpo y la sangre de Cristo.

Otra pared que se vino abajo.

¿Qué muros hay en tu mundo?

Brian Overcast está tirando abajo paredes en Morelia, México. Como director del Centro NOÉ (New Opportunities in Education [Nuevas oportunidades en educación]), Brian y su equipo tratan el problema de la inmigración ilegal desde un único ángulo. Los miembros del personal recientemente me comentaron: «Los mexicanos no quieren cruzar la frontera. Si pudieran quedarse en casa, lo harían. Pero no pueden, porque aquí no encuentran trabajo. Así que les enseñamos inglés. Si saben el idioma pueden ser admitidos en una de las universidades baratas de México y encontrar trabajo en casa. Hay personas que ven inmigrantes ilegales; nosotros vemos oportunidades».

Otra pared al suelo.

No podemos ir más allá de nuestras vidas si no podemos ir más allá de nuestros prejuicios. ¿Quiénes son tus samaritanos? ¿Los eunucos etíopes? ¿De quién te han enseñado a desconfiar? ¿A quién evitas?

Es hora de quitar unos cuantos ladrillos.

Dale la bienvenida al día en que Dios te lleve a tu Samaria particular, quizá no tan lejana en kilómetros como la real, pero igual de distinta en estilos, gustos, lenguas y tradiciones.

Y si te encuentras a un eunuco etíope, tan distinto pero tan sincero, no le rechaces. No dejes que la clase, la raza, el género, la política, la geografía o la cultura entorpezcan el trabajo de Dios. El problema se acaba cuando cruzas el campo y animas a los del otro equipo. Entonces, todo el mundo gana.

Por tanto, aceptaos los unos a los otros, como también
Cristo nos aceptó para gloria de Dios.

Romanos 15.7 LBLA

Señor, ¿de cuántas maneras mi insensato corazón hace distinciones entre tu gente? Revélamelas. ¿Cuántas veces considero a alguien indigno de ti por el modo en que le trato? Repréndeme en tu amor. ¿Dónde puedo echar abajo un muro o quitar una barrera que mantiene a tus hijos apartados los unos de los otros? Dame un poco de dinamita y la habilidad y el coraje para usarla para tu gloria. ¿Qué puedo hacer en mi esfera de influencia para traer el amor de Cristo a alguien que tal vez se sienta excluido o separado de ti? Dame una visión divina, y bendíceme con la decisión de ser tus manos y pies. Que pueda ser un puente y no una pared. En el nombre de Jesús, amén.

CAPÍTULO 13

No descartes a nadie

Hermano Saulo, el Señor Jesús, que se te

apareció en el camino

por donde venías, me ha enviado para que

recíbas la vista

y seas lleno del Espíritu Santo.

HECHOS 9.17

Ananías corre deprisa por las estrechas callejuelas de Damasco. Su larga y densa barba no esconde la seriedad de su semblante. Los conocidos lo llaman cuando pasa, pero no se detiene. Mientras va hacia su destino va murmurando: «¿Saulo? *¿Saulo?* De ningún modo. No puede ser verdad».

Se pregunta si no habrá malentendido las instrucciones. Se pregunta si no debería dar media vuelta e informar a su esposa. Se pregunta si debería parar y decirle a alguien hacia dónde se dirige por si acaso ya no regresa jamás. Pero no lo hace. Sus amigos le dirían que está loco, y su esposa le pediría que no fuese.

Pero debe hacerlo. Corretea por los patios llenos de gallinas, altísimos camellos y pequeños burros. Pasa de largo por la tienda del sastre y no responde al saludo del curtidor. Sigue su marcha hasta que llega a la calle llamada Derecha. La posada tiene arcos bajos y grandes habitaciones llenas de colchones. Es un sitio bonito para los estándares de Damasco; el tipo de sitio que elegiría una persona importante o poderosa, y ciertamente Saulo es ambas cosas.

Ananías y los otros cristianos se han estado preparando para su llegada. Algunos discípulos han abandonado la ciudad. Otros se han escondido. La reputación de Saulo como asesino de cristianos le precede. Pero, ¿Saulo seguidor de Cristo?

Ése era el mensaje de la visión. Ananías lo repasa una vez más.

«Levántate, y ve a la calle que se llama Derecha, y busca en casa de Judas a uno llamado Saulo, de Tarso; porque he aquí, él ora, y ha visto en visión a un varón llamado Ananías, que entra y le pone las manos encima para que recobre la vista» (Hechos 9.11-12).

Ananías casi se atraganta con su trozo de matzá. ¡No es posible! Le recordó a Dios la dureza del corazón de Saulo. «Señor, he oído de muchos acerca de este hombre, cuántos males ha hecho a tus santos en Jerusalén» (v. 13). ¿Saulo un *cristiano*? Seguro, pero cuando las tortugas aprendan a bailar.

Pero Dios no le estaba tomando el pelo. «Ve, porque instrumento escogido me es éste, para llevar mi nombre en presencia de los gentiles, y de reyes, y de los hijos de Israel» (v. 15).

Ananías se iba repitiendo estas palabras mientras caminaba. El nombre de Saulo no hace buena pareja con *instrumento escogido*. Saulo el cabeza dura, sí. Saulo el crítico, también. ¿Pero Saulo el instrumento escogido? Ananías niega con la cabeza con solo pensarlo. En estos momentos ya está a la mitad de la calle Derecha y está reconsiderando seriamente dar media vuelta y volver a casa. Podría haberlo hecho, pero dos guardias le descubren.

—¿Qué haces aquí? —le gritan desde el segundo piso. Esperan su respuesta con atención. La expresión de sus caras es fría debido a la falta de descanso.

Ananías sabe quiénes son: soldados del templo. Compañeros de viaje de Saulo.

—He venido para ayudar al señor.

Bajan sus lanzas.

—Esperamos que puedas hacerlo. Algo le ha pasado. No come ni bebe. Y apenas habla.

Ananías ya no puede echarse atrás. Sube por las escaleras de piedra. Los guardias se hacen a un lado para dejarle pasar y Ananías entra por la puerta. Se queda boquiabierto con lo que ve. Un hombre demacrado está sentado en el suelo con las piernas cruzadas, iluminado a medias por los rayos de sol que entran por la ventana. Con la mejillas hundidas y los labios resecos, se balancea hacia delante y hacia detrás, murmurando una oración.

—¿Cuánto hace que está así?

—Tres días.

Saulo tiene su gran cabeza asentada sobre sus hombros. Su nariz es aguileña y sus cejas muy pobladas. En el suelo está el plato con comida y el vaso con agua que no ha tocado. Sus ojos saltones miran fijamente hacia una ventana abierta. Una costra los cubre. Saulo ni siquiera ahuyenta las moscas de su cara. Ananías titubea. Si esto es un montaje, él ya es historia. Si no, ahora es el momento de la verdad.

Este encuentro se merece algo especial: un redoble de tambor, una reconstrucción de la escena en la vidriera de colores de una iglesia, alguna referencia en las páginas de un libro llamado *¿Tú en una iglesia?* Antes de que leamos sobre San Agustín y la voz infantil o sobre C. S. Lewis y los Inklings, debemos leer la historia de Saulo, el testarudo Saulo, y el discípulo que le dio una oportunidad.

Nadie podría culpar a Ananías de su reticencia. Saulo veía a los cristianos como los mensajeros de una plaga. Estuvo de pie al lado del sumo sacerdote en el juicio de Esteban. Asintió con aprobación ante su último aliento. Y cuando el Sanedrín necesitó a un asesino a sueldo para aterrorizar a la iglesia, Saulo dio un paso al frente. Se convirtió en el Ángel de la Muerte. Se abalanzó sobre los cristianos con furia y «respirando aún amenazas y muerte» (Hechos 9.1). Él «perseguía a la iglesia de Dios, tratando de destruirla» (Gálatas 1.13 NVI).

Ananías sabía lo que Saulo le había hecho a la iglesia de Jerusalén. Pero lo que iba a aprender, sin embargo, era lo que Jesús le había hecho a Saulo en el camino hacia Damasco.

El viaje fue idea de Saulo. En la ciudad había habido un gran número de conversiones. Cuando las noticias sobre este renacimiento llegaron a Saulo, él pidió: «Envíenme». Así que el joven y exaltado hebreo dejó Jerusalén en su primer viaje misionero, empeñado en detener el crecimiento de la iglesia. El viaje a Damasco era largo, de unos 240 kilómetros. Probablemente Saulo iba a caballo, con cuidado de rodear los pueblos de los gentiles. Era un viaje santo.

También era un viaje caluroso. Los valles entre el monte Hermón y Damasco podían haber derretido la plata. El sol castigaba sin clemencia; el calor ondeaba el horizonte. En algún punto de esta senda sedienta, Jesús derribó a Saulo y le preguntó: «Saulo, Saulo, ¿por qué me persigues?» (Hechos 9.4)

Saulo restregó sus puños por sus ojos saltones como si éstos estuvieran llenos de arena. Se dobló sobre sus rodillas y bajó su cabeza hasta tocar el suelo. «¿Quién eres, Señor? Y le dijo: Yo soy Jesús, a quien tú persigues» (v. 5). Cuando Saulo alzó su cabeza para mirar, sus ojos habían quedado sin vida. Estaba ciego. Tenía la mirada vacía de las estatuas romanas.

Sus guardias corrieron a ayudarle. Le guiaron a la posada de Damasco y le subieron por las escaleras.

Para cuando Ananías llegó, el invidente Saulo había empezado a ver a Jesús bajo una luz distinta.

Ananías entra y se sienta en el suelo de piedra. Toma la mano del que había sido un terrorista y siente cómo se estremece. Observa los labios temblorosos de Saulo. Fijándose en la espada y la lanza que descansan en la esquina de la habitación, Ananías se da cuenta de que Cristo ya ha hecho el trabajo. Todo lo que Ananías debe hacer es mostrarle a Saulo el siguiente paso. «Hermano Saulo...» Qué dulces deben haber sonado esas palabras. Seguro que Saulo lloró al oírlas.

Hermano Saulo, el Señor Jesús, que se te apareció en el camino por donde venías, me ha enviado para que recibas la vista y seas lleno del Espíritu Santo (v. 17).

Las lágrimas fluyen como una corriente desbocada contra las costras de los ojos de Saulo. La cobertura escamosa se debilita y cae. Parpadea y ve la cara de su nuevo amigo.

Al cabo de una hora ya está siendo bautizado. En unos cuantos días está predicando en una sinagoga. El primero de miles de sermones. Saulo pronto se convierte en Pablo, y Pablo predica desde las colinas de Atenas, escribe cartas desde las entrañas de las prisiones y a la larga engendra una genealogía de teólogos, incluyendo a Tomás de Aquino, Lutero y Calvino.

Dios usó a Pablo para tocar al mundo. Pero primero usó a Ananías para tocar a Pablo. ¿Te ha dado Dios una tarea similar? ¿Te ha dado Dios a un Saulo?

Hace poco una madre me habló de su hijo. Él está cumpliendo condena en una prisión de máxima seguridad por atraco. Todos los demás, incluyendo a su padre, le han dado por perdido. Pero esta mamá tiene un punto de vista diferente. Ella realmente piensa que los mejores años de su hijo aún están por llegar. «Es un buen chico», afirma. «Cuando salga de allí, va a hacer cosas importantes en su vida».

Otro Saulo, otro Ananías.

Me encontré con un amigo en una librería. Recientemente celebró su cincuenta aniversario de boda. Tenía los ojos llenos de lágrimas cuando describió a la santa con la que se casó y el estúpido con el que su mujer lo hizo. «Yo no creía en Dios. No trataba a la gente con respeto. Seis semanas después de casarnos llegué a casa un día y encontré a mi esposa llorando en la bañera por el error que había cometido. Pero ella jamás me dio por perdido».

Otro Saulo, otro Ananías.

¿Y tú? Todos los demás han descartado a tu Saulo. «Ha ido demasiado lejos… es demasiado insensible… demasiado adicto… demasiado viejo… demasiado cruel». Nadie da nada por tu Saulo. Pero tú estás empezando a darte cuenta de que quizá Dios está trabajando entre bambalinas. Quizá sea demasiado pronto para tirar la toalla… Empiezas a creer.

No te resistas a estos pensamientos.

José no lo hizo. Sus hermanos le vendieron como esclavo a Egipto. Pero él les dio la bienvenida a su palacio.

David no lo hizo. El rey Saúl quería vengarse de David, pero David tenía debilidad por Saúl. Le llamó «el ungido del Señor» (1 Samuel 24.10).

Oseas no lo hizo. Su esposa, Gomer, era la reina del barrio de los burdeles, pero Oseas dejó la puerta abierta. Y ella volvió a casa.

Evidentemente, nadie creía más en las personas que Jesús. Él vio algo en Pedro que valía la pena desarrollar, algo en la mujer adúltera que valía la pena perdonar, y algo en Juan que valía la pena estimular. Vio algo en el ladrón de la cruz, y lo que vio era digno de ser salvado. Y en la vida de un extremista sanguinario de ojos saltones vio a un apóstol de la gracia. Creyó en Saulo. Y creyó en Saulo a través de Ananías.

«Hermano Saulo, el Señor Jesús, que se te apareció en el camino por donde venías, me ha enviado para que recibas la vista y seas lleno del Espíritu Santo».

No pierdas la esperanza con tu Saulo. Cuando otros le descarten, dale otra oportunidad. Mantente fuerte. Llámale hermano o hermana. Cuéntale a tu Saulo cosas de Jesús y ora. Y recuerda esto: Dios nunca te envía a un sitio donde él no haya estado antes. Para cuando alcances a tu Saulo, quién sabe qué encontrarás.

Mi historia favorita sobre gente que se comporta como Ananías involucra a un par de compañeros de habitación de la universidad. El Ananías de la pareja era un alma tolerante. Él aguantaba las borracheras nocturnas de su compañero, sus vómitos de media noche y que durmiera todo el día. No se quejaba cuando desaparecía durante el fin de semana o cuando fumaba cigarrillos en el coche. Él podía haber solicitado otro compañero de habitación que fuera más a la iglesia, que no dijera tantas palabrotas o a quien le importara algo más aparte de impresionar a las chicas.

Pero decidió quedarse con su Saulo personal, al parecer pensando que algo bueno podría pasar si podían llegar a trabajar codo con codo. Así que continuó limpiando el desorden, invitando a su compañero a ir a la iglesia y cubriéndole las espaldas.

No recuerdo haber visto una luz brillante u oír una fuerte voz. Nunca he viajado por una carretera desierta hacia Damasco. Pero recuerdo con claridad a Jesús derribándome de mi cabalgadura y volverme hacia la luz. Tuvieron que pasar cuatro semestres, pero el ejemplo de Steve y el mensaje de Jesús finalmente penetraron en mi interior.

Así que si este libro te eleva el espíritu, deberías darle gracias a Dios por mi Ananías, Steve Green. Aun más, deberías escuchar esa voz en tu corazón y buscar en tu mapa una calle llamada Derecha.

Pero precisamente por eso Dios fue misericordioso conmigo, a fin de que en mí, el peor de los pecadores, pudiera Cristo Jesús mostrar su infinita bondad. Así vengo a ser ejemplo para los que, creyendo en él, recibirán la vida eterna.

1 Timoteo 1.16 NVI

Oh Señor, a través de los siglos has demostrado una y otra vez que *nadie* está fuera del alcance de tu gracia. ¿Hay alguien sin esperanza en mi vida? ¿Qué hombre o mujer que actualmente parece lejos de ti quieres que traiga a tu familia, en parte a través de mí? ¿Qué «Saulo» hay ahí fuera para quien yo podría ser su «Ananías»? Padre, te pido que muestres tu grandeza y tu poder usándome de algún modo para presentarle a tu Hijo a un «candidato inadecuado». Ayúdame a triunfar sobre mis miedos y a borrar mis ideas equivocadas mientras trabajas a través de mí para traer a otro, mediante la fe, al círculo de tu amor. En el nombre de Jesús, amén.

CAPÍTULO 14

Aparca la soberbia en el garaje

Pero a mí me ha mostrado Dios que a ningún

hombre llame común o inmundo.

HECHOS 10.28

Molokai, un rubí en el collar de perlas de las islas Hawai. Los turistas viajan a Molokai por su sereno encanto, su suave brisa y su tranquilo oleaje. Pero el padre Damián vino por una razón distinta. Vino para ayudar a la gente a morir.

Vino a Molokai porque los leprosos vinieron aquí antes. Nadie sabe con exactitud cómo llegó la enfermedad a Hawai. El primer caso del que hay constancia fue fechado sobre 1840. Pero al igual que nadie puede rastrear el origen de la enfermedad, tampoco nadie puede negar sus consecuencias. Desfiguración, descomposición y pánico.

El gobierno respondió con una versión administrativa del Antiguo Testamento: la segregación. Depositaron a los enfermos en un enclave triangular de tierra llamada Kalaupapa. Rodeada por tres lados de agua y por un cuarto con el mayor acantilado del mundo, era una prisión natural.

Difícil de llegar. Más difícil aún salir.

Los leprosos vivían una existencia repudiada, habitando en chabolas y con muy poca comida. Los barcos se acercaban a la costa y los marineros tiraban las provisiones al agua, esperando que las cajas flotarían y llegarían a tierra. La sociedad les mandó a los leprosos un claro mensaje: ya no son valiosos.

Pero el mensaje del padre Damián era diferente. Ya había estado sirviendo en las islas durante una década cuando en 1873, a la edad de treinta y tres años, escribió a su superior y se ofreció: «Quiero sacrificarme por los leprosos pobres».

Se sumergió en su mundo, vendando llagas, abrazando a los niños y enterrando a los muertos. Sus miembros del coro cantaban vestidos con harapos, y los fieles recibían la comunión con manos amputadas. Como ellos eran importantes para Dios, también lo eran para él. Cuando se refería a su congregación, no decía «mis hermanos y hermanas», sino «nosotros los leprosos». Se convirtió en uno de ellos, literalmente.

En algún punto del camino, a través de un toque amable o compartiendo la hostia de la comunión, la enfermedad pasó de un miembro de la congregación al sacerdote. Damián se convirtió en leproso. Y el 15 de abril de 1889, cuatro días antes del Viernes Santo, murió.[1]

Nosotros hemos aprendido a tratar la lepra. Ya no ponemos a la gente en cuarentena. Hemos terminado con esos asentamientos. Pero, ¿hemos acabado con la actitud? ¿O aún vemos a algunas personas como inferiores?

Lo hacíamos en el patio de la escuela primaria. Todos los chicos de la clase de primer grado de la señorita Amburgy unidos expresando nuestra superioridad masculina. Nos encontrábamos en el recreo cada día y, con los brazos entrelazados, íbamos por todo el patio gritando: «¡Los niños son mejores que las niñas! ¡Los niños son mejores que las niñas!» Francamente, yo no estaba de acuerdo, pero me encantaba la fraternidad. Las niñas, en respuesta, formaban su propio club. Desfilaban por toda la escuela mostrando su desdén por los niños. Éramos un patio feliz.

La gente es propensa a jerarquizar. Nos encanta la soberbia. Los niños por encima de las niñas o viceversa. El próspero por encima del indigente. El culto sobre el que ha dejado los estudios. El veterano sobre el recién llegado. Los judíos sobre los gentiles.

Un abismo infranqueable se abría entre los judíos y los gentiles en los días de la primera iglesia. Un judío no podía beber leche que hubiera sido ordeñada por un gentil, ni comer su comida. Los judíos no podían socorrer a una madre gentil en los momentos de necesidad. Los médicos judíos no podían atender a los pacientes no judíos.[2]

Ningún judío quería tener nada que ver con un gentil. Eran impuros.

A menos que ese judío, efectivamente, fuera Jesús. Las sospechas sobre un nuevo orden empezaron a aflorar debido a su curiosa conversación con la mujer cananea. Su hija se estaba muriendo, y su oración era urgente. Pero su ascendencia era gentil. Jesús le dijo: «No soy enviado sino a las ovejas perdidas de la casa de Israel», a lo que ella contestó: «Sí, Señor; pero aun los perrillos comen de las migajas que caen de la mesa de sus amos» (Mateo 15.24, 27).

Jesús sanó a la hija de la mujer y dejó clara su postura. Estaba más preocupado por ganar a todos que por dejar fuera a cierta gente.

Ésta fue la tensión que Pedro sintió. Su cultura decía «Mantente a distancia de los gentiles». Su Cristo decía «Construye puentes hacia los gentiles». Y Pedro tuvo que elegir. Un encuentro con Cornelio forzó su decisión.

Cornelio era un oficial del ejército romano. Además de gentil era un mal tipo (piensa en los casacas rojas británicos en el Boston del siglo dieciocho). Comía los alimentos inadecuados, se juntaba con la gente equivocada y juraba lealtad al César. No citaba la Torá ni descendía de Abraham. Vestía a la romana y tenía jamón en la nevera. No llevaba la kipá ni tenía barba. Apenas hubiera servido para diácono. Incircunciso, no kosher, impuro. Mírale.

Pero mírale de nuevo. Más de cerca. Él ayudaba a los necesitados y simpatizaba con la ética de Jesús. Era bondadoso y devoto. «Piadoso y temeroso de Dios con toda su casa, y que hacía muchas limosnas al pueblo, y oraba a Dios siempre» (Hechos 10.2). Cornelio incluso fue tuteado por un ángel. El ángel le dijo que se pusiera en contacto con Pedro, que estaba alojado en casa de unos amigos a unos cincuenta kilómetros en la ciudad costera de Jope. Cornelio envió a tres hombres a buscarle.

Pedro, mientras tanto, estaba haciendo todo lo posible para orar con un estómago hambriento. «Y tuvo gran hambre, y quiso comer; pero mientras le preparaban algo, le sobrevino un éxtasis; y vio el cielo abierto, y que descendía algo semejante a un gran lienzo, que atado de las cuatro puntas era bajado a la tierra; en el cual había de todos los cuadrúpedos terrestres y reptiles y aves del cielo. Y le vino una voz: Levántate, Pedro, mata y come» (vv. 10-13).

El lienzo contenía suficientes alimentos no kosher como para desenrollar las patillas de cualquier judío hasídico. Pedro los rechazó absoluta y categóricamente. «Señor, no; porque ninguna cosa común o inmunda he comido jamás» (v. 14).

Pero Dios no estaba bromeando al respecto. Tres veces repitió la visión, dejando al pobre Pedro en un dilema. Pedro estaba pensando en los cerdos del lienzo cuando oyó que llamaban a la puerta. Al mismo tiempo que sonaban los golpes, oyó la llamada del Espíritu de Dios en su corazón. «He aquí, tres hombres te buscan. Levántate, pues, y desciende y no dudes de ir con ellos, porque yo los he enviado» (vv. 19-20).

«No dudes» también puede traducirse como «no hagas distinción», «no te permitas ningún prejuicio» o «descarta todo partidismo». Éste fue un gran momento para Pedro.

En su honor, Pedro invitó a los mensajeros a pasar la noche y partieron a la mañana siguiente para encontrar a Cornelio. Cuando Pedro llegó, Cornelio cayó a sus pies. Pedro insistió en que se levantara y entonces le confesó cuán difícil le había resultado tomar la decisión de venir. «Vosotros sabéis cuán abominable es para un varón judío juntarse o acercarse a un extranjero; pero a mí me ha mostrado Dios que a ningún hombre llame común o inmundo» (v. 28).

Pedro le contó a Cornelio acerca de Jesús y del evangelio, y antes de que Pedro pudiera invitarle a dar ese paso, la presencia del Espíritu estaba entre ellos y se estaba repitiendo el Pentecostés, hablando en lenguas y glorificando a Dios. Pedro se ofreció para bautizar a Cornelio y a sus amigos, y aceptaron. Le ofrecieron una cama, y Pedro accedió. Para cuando la visita terminó, se estaba preparando sus propios sandwiches de jamón.

¿Y nosotros? Aún estamos reflexionando sobre el versículo 28: «me ha mostrado Dios que a ningún hombre llame común o inmundo».

La vida es mucho más fácil sin este mandamiento. Mientras podamos llamar a la gente común o inmunda, les podemos plantar en Kalaupapa e ir por caminos distintos. Las etiquetas nos eximen de nuestra responsabilidad. El encasillamiento nos permite lavarnos las manos e irnos.

«Oh, si, conozco a Juan. Es un alcohólico». Traducción: «¿Por qué no puede controlarse?»

«El nuevo jefe es un liberaldemócrata». Traducción: «¿Cómo es que no se da cuenta de lo perdido que va?»

«Oh, sí, la conozco. Está divorciada». Traducción: «Uno más para su colección».

Clasificar a los demás crea separación y nos da una práctica estrategia de fuga para evitar involucrarnos.

El acercamiento de Jesús fue totalmente distinto. Él iba por todas partes incluyendo gente, no excluyéndola. «Y aquel Verbo fue hecho carne, y habitó entre nosotros» (Juan 1.14). Jesús tocaba a los leprosos, amaba a los extranjeros y pasaba tanto tiempo con los juerguistas que la gente le llamaba «bebedor de vino, amigo de publicanos y de pecadores» (Mateo 11.19).

El racismo no pudo detenerlo ante la mujer samaritana, ni los demonios pudieron hacer nada para que no se acercase al endemoniado. Entre sus amigos del Facebook estaban Zaqueo el maestro de la estafa, Mateo el agente de Hacienda y algunas rameras que conoció en la casa de Simón. Jesús pasó treinta y tres años caminando entre los desechos de este mundo. «El cual, siendo en forma de Dios, no estimó el ser igual a Dios como cosa a que aferrarse, sino que se despojó a sí mismo, tomando forma de siervo, hecho semejante a los *hombres*» (Filipenses 2.6-7).

Su ejemplo nos da este mensaje: nada justifica la superioridad. «No llames a nadie común o inmundo».

Mi amigo Roosevelt estaría de acuerdo con esto. Es un líder de nuestra congregación y uno de los tipos más majos en la historia de la humanidad. Vive en la puerta de al lado de una mamá soltera que fue citada por la comunidad de propietarios por su césped desarreglado. Una jungla de arbustos demasiado crecidos y árboles sin podar ocultaban su casa. La comunidad le advirtió que debía limpiar su patio. El aviso fue seguido de una visita de la policía. El oficial le dio dos semanas para hacer el trabajo o presentarse al juzgado. Su patio era una plaga en la calle, quizá incluso un peligro para la salud.

Roosevelt, sin embargo, le hizo una visita a su vecina, Terry. Siempre hay una historia detrás de la puerta, y él descubrió que la de Terry era una de las tristes. Ella justo había salido de un duro divorcio, se estaba recuperando de una operación, trabajaba en turno de noche en el hospital y además estaba haciendo horas extra para poder llegar a final de mes. Su hijo único estaba destinado en Irak. Terry estaba en modo de supervivencia: sola, enferma y exhausta. ¿El césped? Eso era lo que menos la preocupaba en esos momentos.

Así que Roosevelt reclutó a varios vecinos, y las familias pasaron un sábado por la mañana poniendo las cosas en orden. Cortaron arbustos y ramas y acarrearon una docena de sacos llenos de hojas. Unos días después Terry envió este mensaje a la junta de la comunidad de propietarios:

Estimados señores,

Deseo de corazón que todo el vecindario se dé cuenta del extraordinario grupo de vecinos que tengo. Estos vecinos desinteresadamente trabajaron duro en mi jardín.

Sus actos me animaron y me recordaron que aún existe gente compasiva residiendo aquí, gente que se preocupa lo suficiente para acercarse a los extraños que pasan por un momento de necesidad y ayudarles a hacer su carga más ligera. Estos residentes merecen ser elogiados, y no puedo expresar con palabras mi gratitud por su duro trabajo, actitud positiva y entusiasmo. Esto es lo más sorprendente, teniendo en cuenta que mi abuelo era un rabino, ¡y yo tengo la mezuzá en la puerta delantera!

La respuesta de Roosevelt fue una respuesta semejante a la de Cristo. En vez de ver a la gente como problemas, Cristo les veía como oportunidades.

¿Podemos pensar en algunos otros «momentos Cornelio»?

Tú y tus amigos entran en una cafetería llevando sus bandejas para la comida. Mientras te sientas, uno de los chicos te da un codazo y te dice: «Échale un ojo al nuevo». No tienes ningún problema en encontrarle. Es el único estudiante que lleva turbante. Tu amigo bromea: «No se ha dado cuenta de que lleva la toalla de la ducha en la cabeza».

Tú mismo podrías haber hecho broma sobre esto, si no fuera porque tu pastor ayer predicó sobre la historia de Pedro y Cornelio y leyó este versículo: «pero a mí me ha mostrado Dios que a ningún hombre llame común o inmundo» (Hechos 10.28).

Mmmm.

El tipo del despacho al lado del tuyo lleva botas, mastica tabaco y conduce una camioneta con un hueco para el rifle. Tú llevas mocasines, consumes comida sana y conduces un vehículo híbrido, excepto los viernes, cuando pedaleas en bici hasta el trabajo. Él hace bromas racistas. ¿No se ha dado cuenta de que tú eres negro? Tiene una bandera rebelde como salvapantallas. Tu bisabuelo fue un esclavo. Te encantaría alejarte de este sureño reaccionario de la clase baja rural.

Pero el estudio bíblico de esta mañana incluía este reto: «pero a mí me ha mostrado Dios que a ningún hombre llame común o inmundo» (v. 28).

Así que, ¿qué haces?

Uno más. Eres el director de un orfanato. Mientras revisas los certificados de nacimiento, das con una palabra problemática: *ilegítimo*. Cuando buscas más información, descubres que esa palabra es una etiqueta permanente, que jamás será eliminada del certificado.

Esto es lo que Edna Gladney descubrió. Y no podía ni siquiera entenderlo. Si *legítimo* significa ser legal, lícito y válido, ¿qué significa *ilegítimo*? ¿Puedes imaginarte vivir con semejante etiqueta?

La señorita Gladney no pudo. Le llevó tres años, pero en 1936 la presión que ejerció sobre la asamblea legislativa de Texas tuvo éxito y el término fue borrado de los certificados de nacimiento.[3]

Dios nos exhorta a que cambiemos nuestro modo de mirar a la gente. No debemos verlos como gentiles o judíos, de confianza o desconocidos, liberales o conservadores. No debemos etiquetar. Etiquetar es calumniar. «Así que de ahora en adelante no consideramos a nadie según criterios meramente humanos» (2 Corintios 5.16 NVI).

Miremos a la gente de forma distinta; mirémosles tal como nos miramos a nosotros mismos. Imperfectos, quizá. Inacabados, ciertamente. Pero una vez rescatados y restaurados, podemos emitir luz, al igual que las dos vidrieras de colores que adornan mi oficina.

Mi hermano las encontró apiladas en un depósito de chatarra. Algunas iglesias se habían desembarazado de ellas. Dee, un carpintero manitas, las recogió. Repintó la madera astillada y reparó el marco desgastado. Selló algunas grietas en el vidrio de colores. Las ventanas no son perfectas. Pero suspendidas allí donde el sol puede pasar a través de ellas, una luz multicolor se derrama en la habitación como una cascada.

Hay momentos en nuestra vida en que tú y yo nos encontraremos gente que ha sido rechazada. Desechada. A veces por una iglesia. Y debemos elegir. ¿Abandonamos o rescatamos? ¿Les etiquetamos o les amamos? Sabemos qué eligió Jesús. Sólo mira qué hizo con nosotros.

[Jesús] Digno eres de recibir el rollo escrito
y de romper sus sellos,
porque fuiste sacrificado,
y con tu sangre compraste para Dios
gente de toda raza, lengua, pueblo y nación.

Apocalipsis 5.9 NVI

Padre, qué inspirador es mirar en tu Palabra y ver toda la gente que has usado para tus sagrados propósitos: prostitutas, asesinos, perseguidores, mentirosos, ladrones, estafadores, analfabetos, ignorantes, ciegos, lisiados. Concédeme la gracia para tratar a todos los que encuentre como personas por las que Jesús murió y resucitó. No dejes que haya distinciones poco saludables o perversas en mis ojos ni favoritismos indignos en mis acciones. Más bien hazme un vaso a través del cual Jesús pueda brillar. En el nombre de Cristo, amén.

CAPÍTULO 15

Primero ora; después, sigue orando

Pero mientras mantenían a Pedro en la cárcel,
la iglesia oraba constante y fervientemente a
Dios por él.

HECHOS 12.5 NVI

El rey Herodes sufría de una obsesión por la popularidad equiparable a la de Hitler. Asesinó al apóstol Santiago para tratar de congraciarse con el populacho. La ejecución hizo subir su índice de popularidad, así que encarceló a Pedro y decidió decapitarlo en el aniversario de la muerte de Jesús. (¿Quieres un poco de sal en la herida?)

Puso al apóstol bajo la estrecha vigilancia de dieciséis soldados de operaciones especiales y les dijo burlonamente: «Si escapa, vosotros moriréis» (Control de calidad al estilo de Herodes). Ataron a Pedro con cadenas y le encerraron detrás de tres puertas, en lo más hondo de la prisión.

¿Y qué podía hacer la iglesia al respecto? Para la humilde comunidad, el problema del encarcelamiento de Pedro era tan grande como Goliat. No tenían recursos: ningún tipo de influencia ni favores políticos que cobrarse. No tenían nada más que preguntas empapadas en miedo. «¿Quién será el siguiente? Primero fue Santiago, ahora Pedro. ¿Es que Herodes va a purgar a todo el liderazgo de la iglesia?»

La iglesia aún se enfrenta a sus Goliats. El hambre en el mundo. Los escándalos del clero. Cristianos mezquinos. Oficiales corruptos. Dictadores desalmados y con cerebro de mosquito. Que Pedro esté en la prisión es sólo el primer punto de una larga lista de retos demasiado grandes para la iglesia.

Así que nuestros antecesores de Jerusalén nos dejaron una estrategia. Cuando el problema es más grande que nosotros, ¡oremos! «Pero mientras mantenían a Pedro en la cárcel, la iglesia oraba constante y fervientemente a Dios por él» (Hechos 12.5 NVI).

No organizaron un piquete delante de la prisión, ni hicieron peticiones al gobierno, ni protestaron ante el arresto, ni prepararon el funeral para Pedro. Oraron. Oraron como si la oración fuera su única esperanza, y de hecho así era. Oraron «constante y fervientemente».

Uno de nuestros líderes de la iglesia en Brasil me enseñó algo acerca de la oración ferviente. Encontró a Cristo en un centro de rehabilitación en el que estuvo durante un año. Su terapia incluía tres sesiones diarias de oración de una hora de duración cada una. No era obligatorio que los pacientes orasen, pero sí lo era que asistieran a la reunión. Docenas de drogadictos en recuperación pasaban sesenta minutos ininterrumpidos de rodillas.

Yo expresé mi asombro y tuve que confesar que mis oraciones eran cortas y ceremoniosas. Él me invitó (¡qué atrevido!) a encontrarnos para orar. Lo hice al día siguiente.

Nos arrodillamos en el suelo de hormigón del auditorio de nuestra pequeña iglesia y empezamos a hablar con Dios. No, cambia eso. Yo hablaba; él lloraba, gemía, suplicaba, lisonjeaba y rogaba. Aporreó el suelo con sus puños, alzó un puño hacia el cielo, confesó y reconfesó cada pecado. Recitó todas las promesas de la Biblia, como si Dios necesitase que se las recordaran. Oraba como Moisés.

Cuando Dios decidió destruir a los israelitas por el asunto del becerro de oro, «Moisés oró en presencia de Jehová su Dios, y dijo: Oh Jehová, ¿por qué se encenderá tu furor contra tu pueblo, que tú sacaste de la tierra de Egipto con gran poder y con mano fuerte? ¿Por qué han de hablar los egipcios, diciendo: Para mal los sacó...? Acuérdate de Abraham, de Isaac y de Israel tus siervos, a los cuales has jurado por ti mismo» (Éxodo 32.11-13).

El Moisés del Monte Sinaí no está tranquilo y en silencio, con los brazos cruzados y una expresión serena. Está sobre su rostro y al cabo de un minuto está frente a frente con Dios. Está sobre sus rodillas, apuntando con su dedo, alzando las manos. Derramando lágrimas. Retorciendo su ropa. Luchando como Jacob en Jaboc por las vidas de su gente.

¡Y Dios le oyó! «Entonces Jehová se arrepintió del mal que dijo que había de hacer a su pueblo» (v. 14).

Nuestras apasionadas oraciones conmueven el corazón de Dios. «La oración ferviente de una persona justa es muy eficaz» (Santiago 5.16 cst). La oración no cambia la naturaleza de Dios; el que Es nunca será alterado. La oración, sin embargo, impacta en el fluir de la historia. Dios ha conectado este mundo al poder, pero nos pide a nosotros que apretemos el interruptor.

Y eso es justo lo que hizo la iglesia de Jerusalén.

Así que Pedro estaba custodiado en la cárcel; pero la iglesia hacía sin cesar oración a Dios por él.

Y cuando Herodes le iba a sacar, aquella misma noche estaba Pedro durmiendo entre dos soldados, sujeto con dos cadenas, y los guardas delante de la puerta custodiaban la cárcel. Y he aquí que se presentó un ángel del Señor, y una luz resplandeció en la cárcel; y tocando a Pedro en el costado, le despertó, diciendo: Levántate pronto. Y las cadenas se le cayeron de las manos. Le dijo el ángel: Cíñete, y átate las sandalias. Y lo hizo así. Y le dijo: Envuélvete en tu manto, y sígueme (Hechos 12.5-8).

El apóstol, que una vez se preguntó cómo Cristo podía dormir en medio de una tormenta, ahora echa una cabezadita.

Vamos a darle a esta escena el humor que se merece. Un ángel desciende del cielo a la tierra. Sólo Dios sabe con cuantos demonios tuvo que vérselas en el camino. Navega por las calles de Jerusalén hasta que llega a la prisión de

Herodes. Pasa a través de los tres juegos de puertas de hierro y un pelotón de soldados hasta que se pone delante de Pedro. Hay una explosión de resplandor como el sol de verano en el Valle de la Muerte. Pero Pedro no se despierta hasta que el ángel le llama. El viejo pescador está soñando con las lubinas del Mar de Galilea.

—Pedro.

No hay respuesta.

—¡Pedro!

—Zzzzz.

—¡¡¡Pedro!!!

Los ángeles, ¿dan codazos o le dan un *aletazo* a la gente? En cualquier caso, los grilletes resuenan en el suelo. El ángel tiene que recordarle a Pedro, que está adormilado, cómo ponerse la ropa de nuevo. *Primero tus sandalias. Ahora tu manto.* Las puertas se van abriendo sucesivamente. Y en algún punto de la avenida que va a la casa de María, Pedro se da cuenta de que no está soñando. El ángel le señala la dirección correcta y se va, murmurando algo sobre llevar una trompeta la próxima vez.

Lógicamente asombrado, Pedro camina hacia la casa de María. Precisamente a esa hora tiene lugar en su casa una reunión de oración en su honor. Sus amigos se apretujan en el lugar y llenan la casa con ferviente intercesión.

Pedro seguramente sonríe cuando oye sus oraciones. Llama a la puerta. La sirvienta contesta y, en vez de abrir, corre de vuelta al círculo de oración y anuncia:

—¡Pedro está a la puerta! —exclamó.

—¡Estás loca! —le dijeron.

Ella insistía en que así era, pero los otros decían:

—Debe de ser su ángel (vv. 14-15 NVI).

Debo confesar que es un alivio leer esto. Incluso los primeros cristianos luchaban con la idea de si Dios escucharía sus oraciones. Aun cuando la respuesta a su oración llamó a la puerta, dudaron.

Nosotros aún lo hacemos. La mayoría de nosotros tiene luchas con el tema de la oración. Nos olvidamos de orar y, cuando nos acordamos, lo hacemos apresuradamente mediante oraciones con palabras huecas. Nuestras mentes se dispersan; nuestros pensamientos se desparraman como un nido de codornices. ¿Por qué nos pasa esto? La oración requiere de un esfuerzo mínimo. No es necesario un sitio concreto. No hay que vestir ninguna ropa en particular. No se estipula tener un título o un despacho. Pero puedes llegar a pensar que es algo tan difícil como intentar atrapar una serpiente escurridiza.

Hablando de serpientes, Satanás busca interrumpir nuestras oraciones. En la batalla con la oración no toda la culpa es nuestra. El diablo conoce las historias; fue testigo del ángel en la celda de Pedro y del renacimiento en Jerusalén. Sabe qué pasa cuando oras. «Porque las armas de nuestra milicia no son carnales, sino poderosas en Dios para la destrucción de fortalezas» (2 Corintios 10.4).

Satanás no está preocupado cuando Max escribe libros o prepara sermones, pero sus huesudas rodillas tiemblan cuando Max ora. Satanás no tartamudea ni se atranca cuando entras en la iglesia o asistes a las reuniones administrativas. Los demonios no se ponen nerviosos porque leas este libro. Pero las paredes del infierno se agitan cuando una persona de corazón sincero y fe verdadera dice: «Oh, Dios, cuán grande eres».

Satanás nos aleja a ti y a mí de la oración. Intenta ponerse entre nosotros y Dios. Pero huye corriendo como un perro asustado cuando seguimos hacia delante. Así que vamos a hacerlo.

> Someteos, pues, a Dios; resistid al diablo, y huirá de vosotros. Acercaos a Dios, y él se acercará a vosotros (Santiago 4.7-8).

> El Señor está cerca de todos los que le invocan, de todos los que le invocan en verdad (Salmo 145.8 LBLA).

Cuando los hijos de Israel fueron a pelear contra los amalecitas, Moisés eligió el monte que estaba encima del valle donde tenía lugar la batalla para orar (Éxodo 17.8-13). Los israelitas ganaron.

Cuando Abraham supo de la inminente destrucción de Sodoma y Gomorra, él «se quedó de pie frente al Señor» en vez de salir corriendo para avisar a las ciudades (Génesis 18.22 NVI).

Los consejeros informaron a Nehemías que Jerusalén estaba en ruinas. Antes de colocar el fundamento de piedra, puso el fundamento de la oración (Nehemías 1.4).

Las cartas de Pablo contienen más peticiones de oración que solicitudes de dinero, posesiones o consuelo.

Y Jesús. Nuestro Jesús, devoto orador.

Levantándose temprano para orar (Marcos 1.35).

Despidiendo a la gente para orar (Mateo 14.23).

Subiendo a un monte para orar (Lucas 9.28).

Creando un modelo de oración para enseñarnos a orar (Mateo 6.9-13).

Limpiando el templo para que otros pudieran orar (Mateo 21.12-13).

Entrando en un jardín para orar (Lucas 22.39-46).

Jesús sumergió sus palabras y su obra en oración. Cosas poderosas pasan cuando hacemos lo mismo.

Peggy Smith tenía ochenta y cuatro años. Su hermana, Christine, tenía ochenta y dos. Los años se habían llevado la vista de la primera y habían hecho encorvar el cuerpo a la segunda. Ninguna de las dos podía salir de casa para asistir a la iglesia.

Pero su iglesia las necesitaba. Vivían en la isla de Lewis, cerca de la costa de Escocia. La oscuridad espiritual había tomado su pueblo, Barvas. La congregación estaba perdiendo gente, y los jóvenes se burlaban de la fe, hablando de la conversión como de una plaga. En octubre de 1949 el presbiterio de la iglesia Free Church exhortó a sus miembros a orar.

¿Pero qué podían hacer dos hermanas ancianas confinadas en casa? Mucho, decidieron. Convirtieron su chalet en una casa de oración que permanecía abierta toda la noche. Desde las diez de la noche hasta las cuatro de la madrugada, dos noches por semana, le pedían a Dios que tuviera misericordia de su ciudad. Después de varios meses Peggy le dijo a Christine que Dios le había hablado estas palabras: «Derramaré agua sobre el sediento e inundaré la tierra seca».

Estaba tan segura del mensaje que le pidió con urgencia a su pastor que llevara a cabo un reavivamiento y que invitara al conocido evangelista Duncan Campbell para predicar. El pastor lo hizo, pero Campbell declinó la invitación a regañadientes. Peggy recibió las noticias con confianza. «Dios dijo que él vendría, y estará aquí en quince días». Dios cambió la agenda de Campbell, y en dos semanas el encuentro empezó.

Durante cinco semanas Duncan Campbell predicó en la parroquia de Barvas. Grandes multitudes se juntaban en los cuatro servicios, a las siete de la tarde, las diez, la medianoche y las tres de la madrugada. La influencia de Dios sobre la gente era innegable. Centenares de personas se convirtieron. Los bares de bebidas cerraron por falta de clientes. Las tabernas se vaciaron y la iglesia creció. La isla de Lewis conoció la presencia de Dios. Y todo porque dos mujeres oraron.[1]

Así que:

Primero, vamos a orar. ¿Un viaje para ayudar a los hambrientos? Asegúrate de bañar tu misión en oración. ¿Trabajando para desenredar los nudos de la injusticia? Ora. ¿Cansado de un mundo lleno de racismo y divisiones? Dios también. Y le encantaría hablarte de ello.

Después, sigamos orando. ¿Dios nos pidió que predicáramos sin cesar? ¿O que enseñáramos sin cesar? ¿O que tuviéramos reuniones administrativas sin cesar? ¿O que cantásemos sin cesar? No, pero sí nos dijo «Orad sin cesar» (1 Tesalonicenses 5.17).

¿Declaró Jesús: mi casa será llamada casa de estudio? ¿Compañerismo? ¿Música? ¿Una casa de ostentación? ¿Una casa de actividades? No, pero sí dijo «Mi casa será llamada casa de oración» (Marcos 11.17).

Ninguna otra actividad espiritual garantiza tales resultados. «Si dos de vosotros se pusieren de acuerdo en la tierra acerca de cualquiera cosa que pidieren, les será hecho por mi Padre que está en los cielos» (Mateo 18.19). El corazón humilde y fervoroso en oración es lo que le mueve.

A finales de 1964 los rebeldes comunistas Simba asediaron la ciudad de Bunia en Zaire. Arrestaron y ejecutaron a muchos ciudadanos. Un pastor conocido con el nombre de Zebedayo Idu fue una sus víctimas. Le sentenciaron a morir fusilado por un pelotón, y le pusieron en la cárcel durante la noche. A la mañana siguiente, él y un gran número de prisioneros fueron metidos en camiones, como el ganado, y conducidos a una plaza pública para la ejecución. Sin ninguna explicación, el oficial les dijo a los prisioneros que se pusieran en fila y se numerasen «uno, dos, uno, dos, uno, dos». Colocaron a los unos delante del pelotón de fusilamiento. Los doses fueron devueltos a la prisión. El pastor Zebedayo estaba entre los que fueron perdonados.

De vuelta a la celda, los prisioneros pudieron escuchar el ruido de los disparos. El pastor aprovechó el dramático momento para compartir la historia de Jesús y la esperanza del cielo. Ocho de los prisioneros entregaron sus vidas a Dios ese día. Para cuando el pastor Idu acabó de compartir, un entusiasmado mensajero llegó a la puerta con una orden de libertad. El pastor había sido arrestado por error y era libre para irse.

Dijo adiós a los prisioneros y se apresuró a llegar a su casa, al lado de la capilla. Allí descubrió una multitud de creyentes orando con urgencia por su liberación. Cuando vieron la respuesta a sus oraciones entrar por la puerta, su servicio de oración se convirtió en un servicio de alabanza.[2]

El mismo Dios que escuchó las oraciones desde Jerusalén escuchó las oraciones desde Zaire. Él aún sigue escuchando. ¿Seguimos nosotros orando?

No dejéis nunca de orar. Orad siempre, y estad atentos a ofrecer vuestras acciones de gracias a Dios. Orad al mismo tiempo por nosotros, pidiéndole a Dios que nos conceda oportunidades de anunciar abiertamente su mensaje, es decir, de proclamar el misterio de Cristo.

Colosenses 4.2-3 CST

Dios de Abraham, Isaac y Jacob, tú creaste todo lo que existe, y lo mantienes funcionando mediante tu infinita sabiduría e ilimitado poder. Pero tú me invitas a acercarme a ti en oración, con arrojo y con la expectativa de que me escucharás y me responderás. Enséñame, Señor, a aprovechar este sublime privilegio, especialmente para alcanzar a otros con tu amor. Dame compasión para aquellos que aún tienen que experimentar la plenitud de tu gracia, y estimúlame a orar por ellos y por su bienestar, tanto en este mundo como en la eternidad. Señor, llévame a las primeras filas de esta batalla. En el nombre de Jesús, amén.

CAPÍTULO 16

Es Jesús el que está tocando ese violín

De cierto os digo que en cuanto lo hicisteis a
uno de estos mis hermanos más pequeños,
a mí lo hicisteis.

MATEO 25.40

El 12 de enero de 2007, a las siete y cincuenta y un minutos de la mañana, un joven músico tomó su lugar al lado de una pared en una estación de metro en Washington D. C. Llevaba *jeans*, una camiseta de manga larga y una gorra de béisbol de los Washington Nationals. Abrió un estuche de violín, sacó el instrumento, tiró unos cuantos dólares y monedas pequeñas en la funda como señuelo y empezó a tocar.

Estuvo tocando los siguientes cuarenta y tres minutos. Tocó seis piezas clásicas. Durante ese rato pasaron 1,097 personas. Lanzaron en la pila de dinero un total de treinta y dos dólares y diecisiete centavos. De las 1,097 personas, siete, sólo siete, se pararon más de un minuto para escuchar. Y de las siete, una, sólo una, reconoció al violinista Joshua Bell.

Tres días antes de esta actuación en el metro, organizada por el *Washington Post*, Bell llenó el Boston's Symphony

Hall, donde el precio de las entradas medianamente buenas ascendía a cien dólares cada una. Dos semanas después del experimento, tocó en una sala tan llena que la audiencia tenía que permanecer en pie en Bethesda, Maryland. El talento de Joshua Bell puede venderse por 1,000 dólares al minuto. Ese día en la estación de metro apenas ganó suficiente dinero para comprar un par de zapatos baratos.

No puedes culpar al instrumento. Tocó con un Stradivarius construido en la época dorada del maestro violinista, valorado en 3.5 millones de dólares. No puedes culpar a la música. Bell tocó a la perfección una pieza de Johann Sebastian Bach, que el mismo Bell definió como «uno de los mayores logros de cualquier hombre en la historia».

Pero casi nadie lo notó. Nadie esperaba algo majestuoso en ese contexto. Los limpiabotas estaban a un lado, y en el otro había un kiosco. Había gente comprando revistas, periódicos, barritas de chocolate y billetes de lotería. Además, ¿a quién le sobraba el tiempo? Era un día laborable. Ésta era la población activa de Washington. En su mayoría funcionarios del gobierno que se dirigían a reuniones presupuestarias y sesiones con la junta directiva. ¿Quién tenía tiempo para darse cuenta de la belleza en medio de tanto ajetreo? La mayoría no lo tuvo.[1]

Muchos de nosotros algún día nos daremos cuenta de que tampoco lo tuvimos. Desde la perspectiva celestial, miraremos atrás hacia esos días, días tan ocupados y abarrotados de cosas, y comprenderemos que *era Jesús el que estaba tocando el violín. Era Jesús el que llevaba ropas harapientas. Era Jesús el que estaba en el orfanato… en la prisión… en la chabola de cartón. La persona que necesitaba mi ayuda era Jesús.*

Hay muchas razones para ayudar a la gente que pasa por necesidad.

«La benevolencia es buena para el mundo».

«Todos estamos navegando en el mismo océano. Cuando la marea sube, todos nos beneficiamos».

«Rescatar a alguien de la pobreza es desatar el potencial que esa persona tiene para ser investigador, educador o doctor».

«Cuando reducimos la pobreza y la enfermedad, reducimos la guerra y las atrocidades. La gente saludable y feliz no hace daño a los demás».

La compasión tiene una docena de abogados defensores.

Pero para los cristianos no hay nada más sublime que esto: cuando amamos a los que pasan por necesidad, estamos amando a Jesús. Es un misterio más allá de toda ciencia, una verdad que supera las estadísticas. Sin embargo, es un mensaje que Jesús dejó claro como el agua: cuando les amamos a ellos, le amamos a él.

Éste es el tema de su último sermón. El mensaje que guardó para el final. Él quiere que esta enseñanza se imprima en nuestra conciencia. Jesús describió la escena del juicio final. El último día, el gran Día del Juicio. En ese día, Jesús dictará una orden irresistible. Todos vendrán. Vendrán desde los barcos hundidos y los cementerios olvidados. Vendrán desde las tumbas de los reyes y de los campos de batalla cubiertos por la hierba. Desde Abel, el primero en morir, hasta la persona que esté siendo enterrada en el momento en que Jesús llame, todos los humanos de la historia estarán presentes.

Todos los ángeles estarán presentes. El universo celestial entero será testigo del acontecimiento. Un desenlace asombroso. En algún punto, Jesús «apartará los unos de los otros, como aparta el pastor las ovejas de los cabritos» (Mateo 25.32). Los pastores hacen eso. Caminan entre el rebaño y, uno por uno, ayudándose de su equipo, dirigirá a los cabritos en una dirección y a las ovejas en otra.

Esta imagen del Buen Pastor caminando en medio del rebaño de la humanidad es muy gráfica. Tú. Yo. Nuestros padres e hijos. «Max, ve por aquí». «Ronaldo, por allí». «María, a este lado».

Es difícil imaginar este momento sin que de pronto aparezca esta urgente cuestión: ¿qué determina su elección? ¿En base a qué separa Jesús a la gente?

Jesús mismo es el que da la respuesta. Los de la derecha, las ovejas, serán los que le alimentaron cuando estuvo hambriento, le trajeron agua cuando estaba sediento, le albergaron cuando estaba solo, le vistieron cuando estaba desnudo y le consolaron cuando estaba enfermo o encarcelado. La señal de los salvados es su preocupación por aquellos que pasan por necesidad. La compasión no les salva a ellos ni a nosotros. La salvación es obra de Cristo. La compasión es la consecuencia de la salvación.

Las ovejas reaccionarán a una sincera pregunta: ¿cuándo? ¿Cuándo te alimentamos, visitamos, vestimos o consolamos (vv. 34-39)?

La respuesta de Jesús sonará de modo parecido a esto. «¿Te acuerdas cuando bajaste del metro? Era una mañana invernal en Washington. Los que iban a trabajar estaban liados, atareados y centrados en su trabajo. Tú también lo estabas, fíjate. Pero entonces me viste. Sí, ¡ése era yo! De pie entre el kiosco del café y el de los periódicos, ése era yo. Llevaba una gorra de béisbol y una bufanda y estaba tocando el violín. La multitud pasaba de largo rápidamente, como si yo fuera una planta de plástico. Pero tú te paraste. Yo sé que estabas ocupado. Miraste dos veces tu reloj. Pero aun así te paraste y te acordaste de mí. Fuiste hacia el kiosco del café, me compraste una taza y me la trajiste. Quiero que sepas que nunca lo olvidé».

Jesús hará un recuento, uno por uno, de todos los actos de bondad. Cada cosa que hiciste para mejorar la suerte de otra persona. Incluso los más pequeños. De hecho, todos parecen pequeños. Dar agua. Ofrecer comida. Compartir ropa. Como hizo notar Crisóstomo: «No oímos 'Estuve enfermo y tú me *sanaste*' o 'Estaba en la cárcel y tú me *liberaste*'».[2] Las obras de la gracia son actos simples. Pero en esos actos simples servimos a Jesús. Esta verdad es asombrosa: servimos a Cristo sirviendo a los necesitados.

La iglesia de Jerusalén entendió esto. ¿De qué otro modo podemos explicar, si no, su explosión alrededor del mundo? Sólo hemos reflexionado sobre un puñado de sus historias, lo que empezó el día de Pentecostés con ciento veinte discípulos extendiéndose a todos los rincones del mundo. Antioquía. Corinto. Éfeso. Roma. El libro de los Hechos, a diferencia de los otros libros del Nuevo Testamento, no tiene final. Eso es porque el trabajo aún no ha finalizado.

Hace muchos años escuché a una mujer hablar de este trabajo. Ella visitó una iglesia católica en el centro de la ciudad en Miami, Florida, en 1979. El pequeño santuario estaba desbordado de gente. Yo estaba sorprendido. El evento no había sido publicitado. Me enteré por casualidad, a través de un amigo, de que aquel acto sería al mediodía. Estaba viviendo a unas cuantas calles de la iglesia. Aparecí unos minutos antes con la esperanza de encontrar un asiento en la filas delanteras. Debería haber llegado dos horas antes. La gente abarrotaba cada banco y cada pasillo. Algunos se sentaban en el alféizar de las ventanas. Encontré un hueco al lado de la pared trasera y esperé. No sé si el aire acondicionado estaba estropeado, o si simplemente no había, pero las ventanas estaban abiertas y el aire de la costa del sur estaba viciado. La gente estaba habladora e inquieta. Pero cuando ella entró en la sala, se hizo el silencio.

Sin música. Sin una larga introducción. Sin fanfarria de los funcionarios públicos. Sin séquito. Sólo tres versiones más jóvenes de la mujer, quizá cuatro, el sacerdote local y ella.

El padre dio una breve palabra de bienvenida y contó un chiste sobre poner una caja de leche detrás del atril para así poder ver a su invitada. No estaba bromeando. La puso y ella se subió encima, y aquellos ojos azules nos miraron a todos. Menuda cara. Líneas verticales esculpidas alrededor de su boca. Su nariz, más larga de lo que a la mayoría de mujeres les gustaría. Labios delgados, como si hubieran sido dibujados con un lápiz, y una sonrisa sin fingimiento.

Llevaba su característico sari indio blanco con borde azul que representaba a los Padre Misioneros de la Caridad, la orden que había fundado en 1949. Sus sesenta y nueve años habían encorvado su ya de por sí pequeño cuerpo. Pero no había nada pequeño en la presencia de la Madre Teresa.

«Denme sus hijos nonatos» dijo. (¿Palabras inaugurales o las que recuerdo no más? No lo sé.) «No los aborten. Si no pueden criarlos, yo lo haré. Son preciosos para Dios».

¿Quién habría dicho alguna vez que esta pequeña mujer albanesa pudiera ser un agente de cambio? Nacida en un hervidero de conflictos étnicos, los Balcanes. Tímida e introvertida cuando era niña. De salud frágil. La pequeña de tres hermanos. Hija de un generoso pero mediocre hombre de negocios. Pero, en algún momento de su viaje por esta vida, se convenció de que Jesús andaba en el «angustiante disfraz de pobre», y se dispuso a amarle a él amándoles a ellos. En 1989 le dijo a un periodista que sus Misioneros habían recogido alrededor de 54,000 personas de las calles de Calcuta y que 23,000, más o menos, habían muerto a su cuidado.[3]

Me pregunto si Dios crea a personas como la Madre Teresa para poder demostrar su mensaje: «Mira, puedes hacer algo hoy que perdurará más allá de tu vida».

Hay diversos millones de motivos para pensar en este reto. Algunos de ellos viven en tu vecindario; otros viven en junglas que no puedes encontrar y tienen nombres que no puedes pronunciar. Algunos de ellos juegan en chabolas de cartón en los barrios bajos o comercian con sexo en una calle transitada. Algunos de ellos caminan tres horas para ir a buscar agua o esperan todo el día para una inyección de penicilina. Algunos de ellos llevaron sus propias aflicciones, y otros heredaron la desgracia de sus padres.

Ninguno de nosotros puede ayudarlos a todos. Pero todos nosotros podemos ayudar a alguien. Y cuando le ayudamos, estamos sirviendo a Jesús.

¿Quién querría perderse esta oportunidad?

*Entonces el Rey dirá a los de su derecha: Venid, benditos
de mi Padre, heredad el reino preparado para vosotros
desde la fundación del mundo. Porque tuve hambre, y
me disteis de comer; tuve sed, y me disteis de beber; fui
forastero, y me recogisteis; estuve desnudo, y me cubristeis;
enfermo, y me visitasteis; en la cárcel, y vinisteis a mí.*

Mateo 25.34-36

Oh Señor, ¿dónde te vi ayer... y no te reconocí? ¿Dónde te
encontraré hoy... y fracasaré para identificarte
correctamente? Oh mi Padre, dame ojos para ver, un
corazón para responder y manos y pies para servir ¡donde
sea que me encuentres! Transfórmame, Señor, mediante tu
Espíritu, en un siervo de Cristo que se deleite encontrando
las necesidades de los que me rodean. Hazme ser una
buena publicidad de tu gracia, un anuncio viviente de las
riquezas de tu compasión. Anhelo escucharte decirme un
día: «Bien hecho, buen siervo y fiel». Y oro para que *hoy*
pueda ser ese siervo fiel que lo hace bien haciendo cosas
buenas. En el nombre de Jesús, amén.

Guía de discusión y trabajo

Max quiere que hagas algo más que leer el libro de los Hechos. Quiere que experimentes el capítulo veintinueve, escribiendo la historia de la iglesia para tu generación. *Más allá de tu vida* te insta a reconsiderar tu papel en el mundo. Los primeros cristianos hicieron del ministerio con los marginados el centro de su trabajo. Jesús tocó las heridas, sintió el dolor y habló palabras de misericordia. Siguiendo su ejemplo, la iglesia existe para abrir puertas, derribar muros y restaurar relaciones. Si quieres ir al próximo nivel siendo lo que Jesucristo sueña para ti y para tu iglesia, las siguientes páginas te ayudarán a empezar.

Usa esta guía para suscitar una reflexión más profunda e inspirar actuaciones relacionadas con las perspectivas de *Más allá de tu vida*. Cada capítulo de la guía incluye «Preguntas para debatir», que pueden ser usadas tanto en grupos o de forma individual. También encontrarás «Ideas para poner en práctica» que ofrecen los primeros pasos prácticos para marcar la diferencia. Piensa en ellos. Y luego llévalos a cabo. No pierdas la oportunidad de ir más allá de tu vida.

❀

CAPÍTULO 1: NUESTRA ÚNICA OPORTUNIDAD

Preguntas para debatir

1. ¿Cómo relacionarías Efesios 2.10 con la fábula del padre Benjamín?

2. Describe a alguien que conozcas que esté viviendo más allá de su vida cubriendo las necesidades de otros. ¿De qué manera quieres parecerte más a esa persona? ¿Qué te dicen los siguientes pasajes acerca de vivir más allá de tu vida: Hechos 13.22, 36; Isaías 58.6-7 y Salmo 92.14?

3. ¿Cuáles son las necesidades que más te impactan? Comparte alguna estadística que hayas oído sobre ese tema concreto, o vuelve a las páginas 4-5 para volver a mirar las que se han presentado en el libro. ¿Qué palabras describen cómo te sientes cuando oyes esas cifras?

4. Max ha enumerado tres preguntas que conmocionaron su mundo. ¿Qué pensarán las futuras generaciones

sobre el modo en que estamos respondiendo nosotros a las necesidades de hoy?

Ideas para poner en práctica

- Aparta un tiempo para pasar con alguien a quien admires y que esté marcando una diferencia (puede ser la persona que mencionaste en la pregunta 2). Pregúntale lo siguiente: ¿por qué elegiste vivir así? ¿Qué te motiva? ¿Qué tuviste que aprender? ¿Cómo empezaste?

- Exponte a propósito a diferentes necesidades. Haz una lista con las distintas maneras de salir de tu comodidad y escuchar a aquellos que pasan por necesidad. Reorganiza tu calendario para poder incluir proyectos que toquen tanto necesidades globales como locales. Asegúrate de que en tu horario se incluya alguna acción en un entorno cercano (como tu vecindario o un proyecto de acción en la comunidad) así como algo que tenga un impacto internacional (quizá un viaje misionero a corto plazo).

CAPÍTULO 2: LLAMANDO A DON NADIE

Preguntas para debatir

1. Piensa en alguien que hizo algo corriente para ti pero que con eso marcó una diferencia. ¿Qué podrías hacer, por pequeño que fuera, que tuviera un gran impacto?

2. ¿Por qué decimos que los discípulos eran gente normal? ¿Cómo te habrías sentido si hubieses formado parte de las ciento veinte personas que escucharon las palabras de Jesús antes de su ascensión (Hechos 1.1-11)?

3. ¿Qué has aprendido de la historia de Nicolas Winton, quien salvó a tanta gente del Holocausto? ¿De qué manera era él normal? ¿Qué piensas del hecho que no compartiera su historia con nadie hasta que su esposa descubrió el álbum de fotos?

4. Examina la idea de las fuerzas y debilidades que se presenta en 2 Corintios 12.9-10. Haz memoria de alguna época de tu vida en la que te sentías débil pero Dios te dio la fuerza para hacer algo para Él. Explícalo.

5. Si Jesús te pidiera que reclutases a once de tus amigos y parientes para cambiar el mundo, ¿qué nombres

pondrías en la lista? ¿Cómo podría tu grupo marcar la diferencia ahora mismo?

Ideas para poner en práctica

- Participa en actos *rutinarios* de amabilidad. Gestiona tu tiempo para poder servir a otros. ¿Estás haciendo algo diario, semanal, mensual o anual para mostrar compasión y conocer las necesidades de los demás?

- Toma parte en actos de bondad *espontáneos*. No te olvides salir fuera de tu rutina. Cuando Dios te da una oportunidad que no habías planeado, reacciona con compasión y experimenta el gozo de estos encuentros divinos.

- Involúcrate en actos *radicales* de amabilidad. Planea una respuesta más intensa, sacrificada y estratégica a las necesidades del mundo. Piensa en grande, prepárate y anima a otros para que se unan a tu esfuerzo (empieza con la lista de once personas que creaste anteriormente).

❋

CAPÍTULO 3: DEJA QUE DIOS TE QUITE LA CORAZA

Preguntas para debatir

1. ¿Qué hábitos, actitudes, posesiones y tecnologías son las que crean una coraza a tu alrededor para mantenerte alejado de las necesidades de la gente que te rodea? ¿Qué puedes hacer para evitar o quitar esas barreras?

2. ¿Has experimentado lo que en el capítulo se llama «un ataque de compasión»? ¿Respondiste ignorando las necesidades o haciendo ver que no las veías? ¿Respondiste intentando ayudar al que lo necesitaba?

3. Describe alguna vez en que hayas visto la obra de Dios de un modo inesperado y súbito. ¿Hasta qué punto estás dispuesto a aceptar la directrices inesperadas de Dios? ¿Cómo podrías prepararte para esas oportunidades?

4. Responde a las siguientes preguntas que aparecen en el capítulo:

   a. «¿Con quién te sientes más cómodo?» ¿Con qué tipo de gente o necesidades te identificas más fácilmente?

b. «¿Por quién sientes más compasión?» ¿Qué tipo de necesidades tocan tu corazón de forma más directa?

Ideas para poner en práctica

- Responde creativamente a las necesidades que hay a tu alrededor. Ahí van unas cuantas ideas para que empieces. Hay gente que lleva consigo vales para combustible de las gasolineras de la zona o cupones para una comida gratis de un restaurante cercano para dárselos a la gente que lo necesita. Otras personas tienen apartado un fondo especial y siempre están preparados para usarlo. Algunas personas dan regularmente al fondo de ayuda de la iglesia y remiten a la gente a esa iglesia. Planifica por adelantado cómo vas a responder con compasión en vez de esperar a ver si en ese momento tienes ganas o no.

- Piensa en la posibilidad de centrarte en un solo país con grandes necesidades, que no sea el tuyo, y apoyarlo en oración, con donaciones o estableciendo relaciones personales. Averigua cuáles son las necesidades reales. Invierte recursos y construye relaciones sólidas. Haz de ese país un segundo hogar en tu corazón. Al cabo de un tiempo te sorprenderás de lo que Dios hará en y a través de ti.

CAPÍTULO 4: NO OLVIDES EL PAN

Preguntas para debatir

1. Describe una ocasión en que olvidaste algo importante.

2. ¿Qué es lo que estos versículos te animan a valorar más: Mateo 28.19; Juan 3.16; Juan 6.35; Juan 14.6; Romanos 3.23; Romanos 10.9 y Efesios 2.8?

3. En una hoja de papel, haz dos listas en dos columnas. En la primera columna apunta lo que es más importante para Dios y para la iglesia. En la segunda, escribe todos los asuntos que distraen a los cristianos de estas cosas. Debajo de todo ello anota algunas maneras prácticas de cambiar tu foco de atención de la segunda a la primera lista. Considera cómo centrándote en la primera lista puedes también lograr lo mejor de la segunda lista.

4. ¿Cuándo te ha dado alguien una segunda oportunidad como el oficial hizo con Max? Piensa en alguien que te esté pidiendo otra oportunidad. ¿Cómo podrías mostrarle misericordia a esa persona la próxima vez que tengas la posibilidad?

5. La misericordia no es sólo «ayuda para esta vida, sino esperanza para la siguiente». ¿Qué piensas que es más importante para la gente: las necesidades físicas tangibles o las necesidades espirituales eternas? ¿En qué situaciones necesitas primero cubrir una necesidad física antes de tratar una necesidad espiritual más profunda? ¿En qué situaciones pasa lo contrario?

Ideas para poner en práctica

- Cuando la gente le preguntó a Pedro «¿Qué quiere decir esto?», él tuvo la oportunidad de hablar de los temas más importantes. Si un conocido o un amigo te dice «He notado algo distinto en ti. ¿Qué es?», puede ser una gran oportunidad para que tú hagas lo mismo. Escribe cómo podrías contestar a esa pregunta.

- Ora por cinco amigos, familiares o conocidos que pienses que pueden estar lejos de Dios (si no sabes si Dios es la prioridad en la vida de una persona, entonces ella podría hacer esta lista de motivos por los que orar). Para cada uno de los nombres, piensa en la próxima vez que vas a ver a esa persona. Comprométete a orar diariamente por tu lista de «Cinco para Dios».

- Empieza una conversación sencilla pero calculada con la gente acerca de lo que es más importante para ti. Te presentamos algunas maneras de empezar el diálogo:

* «¿Te parecería bien si te cuento qué pasó en mi vida espiritual?»

* «Quiero que sepas algo sobre mí, algo que espero que también pueda hacerse realidad para ti».

* «¿Te he hablado alguna vez sobre lo más importante que hay en mi vida?»

❖

Capítulo 5: Trabaja en equipo

Preguntas para debatir

1. ¿Cuándo, como parte de un grupo, te has enfrentado a un reto tan enorme que provocó que el grupo pudiera crecer más unido? ¿Con qué grupo de gente estás haciendo frente a un nuevo reto ahora mismo y cómo podrías trabajar en equipo con ellos para abordarlo?

2. ¿Has oído de otros relatos sobre el trabajo en equipo o sobre oportunidades parecidas a lo que les pasó a José en Río y a Thomas en Londres con las microfinanzas? ¿Conoces a alguien que esté haciendo un trabajo increíble como éste o cubriendo otras áreas de necesidad? ¿Cómo empieza la gente estas renovadoras relaciones?

3. Piensa en algunas maneras de ayudar a la gente que también requieran un trabajo en equipo. ¿Has estado alguna vez involucrado en este tipo de esfuerzos? ¿Cuál fue el impacto sobre los que pasaban necesidades? ¿Qué aprendiste de la experiencia?

4. «Aquellos que sufren nos pertenecen a todos». ¿Cómo pueden, tú y la gente más cercana a ti, echar una mano a aquellos que están sufriendo?

Ideas para poner en práctica

- «Ninguno de nosotros puede hacer solo lo que podemos hacer todos nosotros juntos». Sé parte de algo más grande que tú mismo. Enfréntate a un gran proyecto que no podrías hacer solo, descubriendo qué es lo que tu iglesia ya está haciendo. Quizá no se trate de lo que harías por tu cuenta, pero marcarás una diferencia mucho más grande y profunda que si trabajaras de forma individual.

- Hay muchas formas de colaborar con un equipo que ya está trabajando y respondiendo activamente a las necesidades de la gente. Piensa en qué tienes más habilidad y selecciona un ministerio que pueda usar tus talentos para el beneficio de otros.

- Reúne a tus vecinos para que aporten sus opiniones sobre cuáles son las necesidades de la zona. Desarrolla un plan de acción que pueda ser llevado a cabo como grupo.

❋

Capítulo 6: Abre tu puerta, abre tu corazón

Preguntas para debatir

1. ¿Conoces a alguien que sea un buen ejemplo de hospitalidad? ¿Qué hace que esa persona sea hospitalaria?

2. ¿Estás usando tu casa en la actualidad como una herramienta para ayudar a otros? ¿Cómo puedes hacer que tu cocina, tu patio, tu sala de estar o incluso tu dormitorio se conviertan deliberadamente en un lugar hospitalario?

3. ¿Qué te detiene de invitar a otros a tu casa? ¿Cómo podrías eliminar esas barreras? ¿Puedes darte cuenta de todas las veces que escuchas «esa vocecita» que dice que todo debe estar perfecto y te pierdes lo importante de la hospitalidad?

4. Lee estos pasajes que hablan sobre la hospitalidad: Hechos 16.15, 34; Hechos 21.8; Hechos 28.2, 7; Romanos 12.13; 1 Timoteo 5.10; Tito 1.8; Hebreos 13.2; 1 Pedro 4.9-10 y 3 Juan 1.8. A la luz de estos versículos, ¿cómo deberíamos ver la hospitalidad?

5. Nombra a algunas personas a las que te gustaría invitar a tu casa pronto. Establece una fecha concreta dentro de las dos próximas semanas para abrir tu puerta a una o más de esas personas.

Ideas para poner en práctica

- Empieza a practicar la hospitalidad de forma rutinaria en tu vida; así siempre estará en activo. Nombra una comida semanal como tu «comida de hospitalidad», y planéala para que sea con gente. Por ejemplo: podrías invitar algunos amigos cada semana para ver un partido; eso es una invitación abierta para disfrutar de tu hospitalidad y de tu televisión. O puedes preparar una olla de sopa cada sábado por la noche. Levanta un pequeño puesto de hospitalidad en tu porche o en tu camino de entrada y sirve cuencos de amistad a tus vecinos.

- Intencionadamente incluye a otros en tus eventos familiares. Invita a algún soltero o soltera a tu cena de Nochebuena. Invita a una familia que esté pasando por necesidad a comer en tu casa el día de Acción de Gracias o toma el pavo y coman en su casa. Celebra el Día de la Madre con algunas mujeres mayores de tu iglesia que no han tenido hijos o que están lejos. Presta atención a las personas que se sientan solas o que no aún no tienen amigos en tu iglesia e invítalas a comer contigo (aunque tengas que pasar por una tienda de comida para llevar camino de casa).

❋

Capítulo 7: Ver la necesidad, tocar el dolor

Preguntas para debatir

1. «El sufrimiento humano no es agradable a la vista». Explica una ocasión en la que te fuera difícil tener que ver el sufrimiento que encontraste. Describe alguna vez en que estuvieras dolido y alguien te hizo pensar que él o ella realmente se había dado cuenta.

2. ¿Qué comunicas a la gente que pasa por necesidad, especialmente aquellos que no son agradables a la vista, cuando les miras directamente a los ojos?

3. Toma nota de cada encuentro significativo que veas en los siguientes milagros de Jesús: Mateo 9.20-22; Marcos 1.40-45; Marcos 7.32-35; Lucas 8:51-55; Lucas 13.11-13; Juan 9.1-7. ¿Necesitó Jesús tocar a la gente para sanarla? ¿Por qué piensas que fue necesario algún tipo de contacto para la curación?

4. Pedro y Juan le dieron algo más que el dinero que pedía al mendigo lisiado en Hechos 3. ¿Qué recursos tienes tú, más allá del dinero, que pudieras dar a la gente que pasa por necesidad?

5. Para Pedro y Juan la estrategia de unos ojos amables que encuentran unos ojos desesperados y unas manos fuertes ayudando a unas manos débiles desencadenó un milagro de Dios. ¿Cómo podrías experimentar esta estrategia?

Ideas para poner en práctica

- Tómate un tiempo esta semana para mirar a la gente a los ojos. Cuando hables con alguien que sepas que tiene necesidades, mantén el contacto visual con él o con ella más rato de lo que normalmente harías. Reflexiona en cómo esto verdaderamente te ayuda a ver las necesidades de la gente de una nueva manera. Esto tendrá un mayor impacto si vas escribiendo un diario o haces un resumen al final de la semana, describiendo cómo este experimento ha afectado tu perspectiva.

- Esta semana sal de tu rutina para visitar a una persona que lo necesite. Cuando alguien que conoces está en el hospital, hazle una visita para demostrarle que te importa. Ve a una residencia de la tercera edad para extender tu toque compasivo a otros. Empieza estrechándoles la mano o dales un abrazo oportuno. Pregunta si puedes orar por ellos y pon una mano en sus hombros (puedes orar en silencio si así te sientes más cómodo). Cuando vuelvas a casa, reflexiona sobre lo significativa que fue la visita. También piensa en cómo te sientes después de estas visitas y compáralo en cómo te sentías antes de ir.

✤

Capítulo 8: Persecución; prepárate para ella y resístela

Preguntas para debatir

1. ¿Cómo te sientes cuando escuchas relatos sobre mártires heroicos como Necati o sobre la horrible persecución de los cristianos en el mundo? ¿Cómo te ayudan a ver tus propias dificultades en perspectiva?

2. En las sociedades con libertad religiosa es posible que no experimentemos persecución, pero sí oposición espiritual en nuestra vida diaria por parte de críticos, acusadores, miembros de la familia, profesores, compañeros de clase, compañeros de trabajo y otras personas. Cuando lees esta lista, ¿recuerdas alguna situación que te llevara a guardar silencio sobre tus creencias?

3. ¿Cómo crees que se sintió Pedro en Juan 18.15-18, 25-27? ¿Has fracasado alguna vez defendiendo lo que crees ante la presión o la persecución? Por otro lado, ¿cuándo has sido como Pedro ante sus acusadores en Hechos 4.5-13 y has estado listo para hablar la verdad con valentía ante la presión o la persecución?

4. ¿Qué hábitos has desarrollado para pasar tiempo con Jesús y así poder permanecer mucho rato y a menudo en su presencia? ¿Cómo podrían tales hábitos ayudar a otros a darse cuenta de que has estado con Él?

5. ¿Cómo crees que las disciplinas espirituales ayudan a desarrollar la valentía en un creyente?

Ideas para poner en práctica

- Ora por la iglesia perseguida. Infórmate bien sobre la libertad de la iglesia en un país con el que ya tengas una conexión y ora para que los creyentes sean fuertes en su fe. Está al día de las noticias sobre la iglesia en ese país.

- Únete a tu iglesia para orar por los cristianos perseguidos organizando una velada especial de oración o participando en el Día Internacional de Oración por la Iglesia Perseguida. También podrías comprar un gran mapa del mundo para tu casa o tu iglesia y que los miembros de tu familia o de la congregación escribieran oraciones en pequeñas notas adhesivas y las pusieran en el país correspondiente.

❋

Capítulo 9: Haz el bien con discreción

Preguntas para debatir

1. La historia de Ananías y Safira, narrada en Hechos 5, es muy dramática. Las consecuencias de su conspiración contra la iglesia primitiva fueron muy graves, literalmente. Sin embargo, Max pregunta: «¿Era eso realmente necesario?» ¿Qué piensas?

2. ¿Cómo reacciona hoy la iglesia ante tales ofensas?

3. ¿Has visto ejemplos de hipocresía en la iglesia que han afectado negativamente su reputación? ¿Qué cambios específicos pueden hacer los cristianos para contrarrestar la mala fama de la hipocresía?

4. En Mateo 23 Jesús acusa por igual tanto a los fariseos como a los escribas o doctores de la ley. Haz una lista de estas siete acusaciones en una hoja de papel aparte. ¿Cómo describirías el tono que Jesús usa en este pasaje? ¿Qué similitudes hay entre los elementos de la lista?

5. Después de leer Mateo 23, Hechos 5 y este capítulo del libro, ¿en qué va a ser distinta tu vida?

Ideas para poner en práctica

- «No esperes ningún mérito por las buenas obras». Piensa en alguien que conozcas que esté pasando por necesidad. ¿Qué acto tangible piensas que podrías hacer para esa persona, esta semana, en secreto? Identifica a una persona que haya tenido un impacto significativo en tu vida. Envíale una carta dándole las gracias por todo lo que ha hecho, pero asegúrate de que no pueda seguir el rastro de vuelta hacia ti.

- «No seas un farsante espiritual». Escudriña las Escrituras para identificar qué características indican falsa espiritualidad y cuáles indican una auténtica espiritualidad. Pasa tiempo en oración, pidiéndole a Dios que te muestre cualquier área en donde seas espiritualmente débil.

❋

CAPÍTULO 10: DEFIENDE A LOS QUE NO TIENEN NADA

Preguntas para debatir

1. La iglesia de Jerusalén había descuidado a las viudas de habla griega y trataba de resolver el problema (Hechos 6). ¿Qué colectivos o individuos se están pasando por alto en tu comunidad? ¿Por qué son olvidados u ignorados?

2. ¿Cuál es el público objetivo de tu iglesia? Describe al tipo de persona que es más probable que venga. Si tu iglesia intentara parecerse más a la gente descrita por Jesús en Lucas 4.14-21, ¿qué ajustes tendría que hacer? ¿Qué pasos podrías dar tú para alcanzar y adorar con los pobres, quebrantados de corazón, cautivos y ciegos?

3. ¿Por qué piensas que la gente de Israel nunca practicó el revolucionario concepto del Jubileo? Describe qué pasaría a tu alrededor si el Jubileo se pusiera en práctica ahora mismo. ¿Qué mini-Jubileos puedes crear en tu corazón o en tus hábitos aunque este concepto radical no sea una ley terrenal?

4. Max mencionó algunas de las mejores y más brillantes organizaciones que están llevando a cabo un gran trabajo contra la pobreza, Visión Mundial, Compasión Internacional, Agua Viva y Misión Internacional de Justicia. ¿Qué otras organizaciones añadirías y por qué?

Ideas para poner en práctica

- Esta semana dedícate a averiguar qué está ya haciendo tu iglesia por los pobres. Ofrécete para involucrarte personalmente para mejorar el trabajo o para financiarlo con más propósito.

- Rich Stearns le dijo a Max: «La pobreza *es* física cuántica». Consulta a los mejores pensadores sobre los temas más complicados relacionados con la pobreza. Infórmate sobre posibles soluciones y estrategias a seguir visitando las páginas de las excelentes organizaciones nombradas en este capítulo: www.wvi.org, www.compassion.com, www.water.cc y www.ijm.org.

- «Si quitas de la Biblia todos los asuntos que atañen a los pobres, le quitas el mismo corazón». Esta semana aparta un tiempo para estudiar algunos de los casi dos mil pasajes que hablan de la pobreza, la riqueza, la justicia y la opresión. Empieza con los siguientes versículos:

Éxodo 23.6

Levítico 19.15; 23.22; 25.35, 39

Deuteronomio 15.7-11; 24.10-15

Salmo 35.10

Proverbios 14.21; 22.22-23; 31.9

Isaías 10.1-3; 58.6-7

Jeremías 5.26-29

Mateo 19.21

Lucas 12.32-33; 14.12-14

Hechos 4.33-35

Santiago 2.1-4

❋

Capítulo 11: Recuerda quién te sostiene

Preguntas para debatir

1. ¿Qué logros personales te hacen sentir más agradecido? ¿Cuánto crees que Dios tuvo que ver con ellos? ¿Cómo podrías darle las gracias a Dios por su ayuda y compartir esta experiencia con otros?

2. ¿En qué épocas de la vida es tentador tener una imagen pequeña de Dios y una demasiado grande de ti? ¿Qué hábitos podrías desarrollar que te ayudaran a mantener esta tendencia bajo control?

3. ¿Qué recomendaciones encuentras en Santiago 4.6-10 sobre el orgullo y la humildad? ¿Has visto casos de gente humilde experimentado gracia? ¿Y de gente orgullosa que no la experimente?

4. ¿Cómo crees que Santiago 4.13-17 te ayuda a hablar del futuro con humildad?

5. La humildad y el orgullo son opuestos. Sin embargo, la sabiduría puede ser un camino que te ayude a cultivar la humildad y a vencer al orgullo. ¿Cómo crees que una

sabia mirada a la realidad combate una percepción muy alta o muy baja de uno mismo?

Ideas para poner en práctica

- No te pierdas lo que Dios es capaz de hacer en tu ciudad. Usa un diario para tener constancia de todos aquellos momentos en los que veas a Dios moverse. ¿Cuándo se mostró de una forma clara ante ti? ¿Qué cosas cambiaron porque hubo alguien viviendo como Cristo?

- La próxima vez que recibas alabanzas, responde intencionadamente. Ve con cuidado de no rechazarlas por entero diciendo que lo que hiciste no era para tanto. Extiende los elogios al resto de personas que te ayudaron a conseguirlo. Mejor aún, sé tú quien elogie a los demás, pero no olvides dar toda la gloria a Dios.

❋

CAPÍTULO 12: DERRIBA UNOS CUANTOS MUROS

Preguntas para debatir

1. Felipe fue a Samaria y la gracia de Dios derribó los muros entre los judíos y los samaritanos. Max te pregunta: «¿Qué muros hay en tu mundo?» ¿Qué divisiones dominan tu cultura? ¿Qué normas de separación no escritas promueven un prejuicio subconsciente? ¿Por cuánto tiempo ha estado aquí esta pared? ¿Cuáles son sus raíces? ¿Qué la mantiene en pie?

2. Descríbete a ti mismo con las categorías que Max ha usado para describir a Felipe (físico, lugar de origen, situación financiera, relaciones, etc.). Ahora describe cómo sería alguien opuesto a ti en estas categorías. Nombra a alguien que conozcas que se parezca a la última descripción.

3. Como cristianos, ¿cómo vivimos Gálatas 3.28-29 y borramos las divisiones entre nosotros? ¿Dónde hemos tenido éxito? ¿Dónde hemos fracasado?

4. ¿Cómo podrías decirle a alguien que está en el otro lado del muro que los divide que te importa? ¿Qué podrías hacer para mostrarle a esa persona que te preocupa?

Ideas para poner en práctica

- Sé honesto contigo mismo respecto a los prejuicios. Pasa un tiempo en silencio pensando sobre ello. Haz una lista de grupos de personas a los que tiendes a prejuzgar o clasificar. Ora por lo que hay escrito en ese trozo de papel, pidiéndole a Dios que cambie tu corazón. Entonces rompe la lista, abrazando la libertad que viene cuando miras con ojos imparciales.

- Crece en tu conciencia intercultural. Aprende cosas sobre el grupo que vive en el otro lado del muro divisorio en tu comunidad o región. Come donde ellos comen, compra donde ellos compran y conoce gente. Escucha sus historias. Averigua qué tienen en común. Descubre cuáles son las diferencias cruciales y sé sensible a ellas.

CAPÍTULO 13: NO DESCARTES A NADIE

Preguntas para debatir

1. Nombra a un personaje público muy famoso que nadie esperaría que se convirtiera al cristianismo. ¿Por qué parece tan improbable que esa persona pueda llegar a ser cristiana?

2. Comparte una historia acerca de ti o de alguien a quien conozcas personalmente que tuvo una radical e inesperada conversión a Dios.

3. «¿Te ha dado Dios a un Saulo?» ¿Hay alguien en tu vida a quien la mayoría de la gente ha dado por perdido o rechazado? ¿Cómo puedes ser un Ananías para esa persona?

4. ¿Qué dice la Escritura acerca de alcanzar a los que pasan por necesidad? ¿Cómo puedes ser más sensible a la exhortación del Padre en este área?

5. ¿Cómo describirías tu conversión? ¿Fue de repente o gradual? ¿Qué estás haciendo para ayudar a otros a experimentar la conversión?

Ideas para poner en práctica

- Si tuviste que esforzarte por pensar en un Saulo potencial en tu vida, intenta encontrar a alguien que pueda convertirse en esa persona. ¿Qué tipo de ambiente rutinario te ayudaría a hacer amistad con gente que está lejos de Dios o que incluso se opone a Dios? Recuerda, quizá Dios te está guiando a ese lugar al igual que guió a Ananías a la calle Derecha.

- Planifica pasar tiempo con una persona que se ha convertido a Cristo y que quizá necesita un cristiano maduro que le guíe en un discipulado. Empieza el proceso pidiéndole a esa persona que cuente de nuevo su historia, y entonces pregúntale cómo podrías ayudar en la siguiente etapa del viaje.

CAPÍTULO 14: APARCA LA SOBERBIA EN EL GARAJE

Preguntas para debatir

1. ¿Cuál era la jerarquía cuando eras pequeño? ¿Cuál es hoy? ¿Quién está en lo alto, quién está en lo más bajo y dónde te encuentras tú?

2. ¿En qué situaciones oyes etiquetas ofensivas? ¿Te has encontrado alguna vez sin querer siguiendo el ejemplo? ¿Cómo puedes ser un líder de cambio en este entorno?

3. Recuerda una ocasión en la que te encontrabas en una situación similar a la de Pedro en Hechos 10. ¿Cuándo las costumbres o comportamientos de otra cultura o raza te hicieron sentir incómodo o incluso fueron ofensivas para ti? ¿Cuál sería tu reacción si Dios te llamara a tomar las costumbres y hábitos de otro grupo para así poder alcanzarles?

4. ¿Por qué Cornelio no dio la imagen adecuada a pesar de que era un seguidor de Cristo? ¿Qué juicios superficiales usa la gente hoy para medir espiritualmente a los demás?

5. ¿Cómo podrías encontrar tiempo en tu vida para los cristianos marginados?

Ideas para poner en práctica

- Crea una nueva norma para los próximos dos meses: *que nadie se siente solo*. Cuando entres en cualquier habitación resiste las ganas de sentarte donde siempre lo haces y de juntarte con la gente con quien siempre te juntas. Primero recorre con la vista el comedor o la sala de juntas, los puestos o el asilo, la cafetería o el cine, y encuentra a alguien que esté sentado solo. Entonces elige sentarte con los marginados. Después de dos meses podrías pensar en hacer permanente la norma.

- Asiste a un servicio de adoración en una iglesia distinta a la tuya donde predominen diferentes etnias o culturas. Adáptate a ese entorno; en la medida de lo posible, haz lo que están haciendo. Toma nota de lo que admires de su adoración y de su vida de iglesia. Reflexiona sobre lo que se siente al ser el «raro». Mira qué pasa cuando, como Pedro, experimentas a Dios en un escenario cultural distinto.

CAPÍTULO 15: PRIMERO ORA; DESPUÉS, SIGUE ORANDO

Preguntas para debatir

1. ¿Cómo describirías la manera en que Moisés oró a Dios en Éxodo 32? Cuenta, con tus palabras, cómo Max describe el modo en que su líder de la iglesia en Brasil oraba. ¿En qué se distingue tu tiempo de oración al descrito en el texto? ¿Qué podrías hacer para ser más ferviente (apasionado) en la oración?

2. ¿Qué tácticas típicas usa Satanás para mantenernos alejados de la oración? ¿Cómo puedes contrarrestarlas con tus propias estrategias de oración?

3. ¿Qué papel tiene la oración en la vida de tu iglesia? ¿Cómo podrías modificar tu enfoque de la oración en tu iglesia para hacerlo más significativo?

4. Cuenta una ocasión en que tu vida de oración parecía más rica de lo que es ahora. ¿Qué había de diferente entonces?

5. ¿Qué podrías hacer para revigorizar tu tiempo de oración? ¿Qué actitudes podrías tomar? ¿Qué listas podrías usar? ¿Qué actividades de oración podrías intentar?

¿Qué textos podrías usar como oraciones? ¿Quién podría unirse a ti como inspiración para orar?

Ideas para poner en práctica

- Esta semana haz un estudio sobre Jesús y la oración. Usa los siguientes versículos de este capítulo y otros ejemplos de Jesús orando o enseñando sobre la oración para guiarte:

  Mateo 5.44; 6.6-13; 14.13, 23; 19.13; 21.12-13; 21.22; 24.20

  Marcos 1.35; 6.46; 9.28-29

  Lucas 6.12-16; 9.18-20; 18.1-8; 18.9-14; 22.39-46; 23.33-34

  Juan 11.41; 17.1, 9, 20

- También puedes orar antes de cada comida y al inicio de cada día, pero esta semana ora también antes de hacer estas cosas:

  antes de arrancar el coche

  antes de hacer ejercicio

  antes de hacer la primera cosa que siempre haces en el trabajo

  antes de encender tu computadora

  antes de agarrar el teléfono

antes de ir a una reunión

antes de regresar a casa al final del día

antes de encender la televisión

antes de abrir un libro

antes de ir a dormir

antes de _____

❋

Capítulo 16: Es Jesús el que está tocando ese violín

Preguntas para debatir

1. ¿Qué diversos motivos mueven a la gente a actuar con compasión?

2. Para los cristianos, ¿cuál es la clave que nos motiva a actuar con compasión?

3. En el Día del Juicio, ¿en base a qué separará Jesús a los justos de los injustos según Mateo 25.31-46? ¿Por qué es este pasaje tan difícil de entender en su sentido literal?

4. ¿Qué grupo se sorprendía de la elección de Jesús en Mateo 25? ¿Fueron las ovejas, los cabritos o ambos? ¿Por qué deberían estar sorprendidos?

5. ¿Qué estás haciendo ahora para vivir más allá de tu vida que no estuvieras haciendo hace seis meses?

Ideas para poner en práctica

• En los próximos días vuelve sobre este libro y anota los versículos o citas que más te han sobrecogido.

En una hoja de papel aparte o en unas cuantas tarjetas, escribe esas palabras y ponlas en un sitio donde las tengas a la vista. Ponlas en el espejo de tu baño, en tu coche, en tu escritorio, en tu monedero, en tu cartera o en tu puerta. No olvides el mensaje y la misión que has aprendido en *Más allá de tu vida*.

- Termina tu plan personal de trabajo con el objetivo de ir más allá de tu vida. Descubre cómo tus dones, pasión y oportunidades encajan en los planes de Dios para servir a tu vecindario, tu comunidad y tu mundo. Marca esa meta en tu agenda personal y pon tu plan en acción.

Notas

Capítulo 1: *Nuestra única oportunidad*

1. UNICEF, «Estado mundial de la infancia 2009. Salud materna y neonatal», http://www.unicef.org/spanish/sowc09/report/report. php.

2. Organización de las Naciones Unidas, «El estado de la Inseguridad Alimentaria en el Mundo. Crisis económicas: repercusiones y enseñanzas extraídas», p. 2, ftp://ftp.fao.org/docrep/fao/012/i0876s/i0876s.pdf.

3. UNICEF, «Estado mundial de la infancia 2007. La mujer y la infancia: el doble dividendo de la igualdad de género», p. 5, http://www.unicef.org/spanish/sowc07/docs/sowc07_sp.pdf.

4. Eso equivale aproximadamente a 25,000 por día. Anup Shah, «Today, over 24,000 children died around the world», Global Issues, http://www.globalissues.org/article/715/today-over-24000-children-died-around-the-world.

5. Peter Greer y Phil Smith, *The Poor Will Be Glad: Joining the Revolution to Lift the World Out of Poverty* (Grand Rapids: Zondervan, 2009), p. 26.

6. Ronald J. Sider, *Rich Christians in an Age of Hunger: Moving from Affluence to Generosity* (Nashville: Thomas Nelson, 2005), p. 10.

7. Ibid., p. 35.

8. UNICEF, «Estado mundial de la infancia 2009», p. 133.

9. El porcentaje de cristianos en Estados Unidos es de 76.8%, y la población de Estados Unidos en 2009 era de aproximadamente 307,212,000 según la CIA, The World Factbook, 2009, https://www.cia.gov/library/publications/the-world-factbook/geos/us.html.

10. ONUSIDA y Organización Mundial de la Salud, «Situación de la epidemia de SIDA 2009: noviembre 2009», p. 21, http://data.unaids.org/pub/Report/2009/2009_epidemic_update_es.pdf.

Capítulo 2: Llamando a Don Nadie

1. «NicholasWinton, the Power of Good», Gelman Educational Foundation, www.powerofgood.net/story.php, y Patrick D. Odum, «Gratitude That Cost Us Something», Heartlight, www.heartlight. org/articles/200909/20090922_gratitude.html.

Capítulo 3: Deja que Dios te quite la coraza

1. Hilary Le Cornu con Joseph Shulam, *A Commentary on the Jewish Roots of Acts* (Jerusalén: Netivyah Bible Instruction Ministry, 2003), p. 144.
2. Alfred Edersheim, *The Life and Times of Jesus the Messiah*, ed. no abrev. (Peabody, MA: Hendrickson Publishers Inc., 1993), pp. 81-82.
3. M. Paul Lewis, ed. *Ethnologue, Languages of the World*, 16ª ed., (Dallas: SIL International, 2009), www.ethnologue.com.
4. Si quieres explorar en detalle tu «unicidad» y cómo distinguirla, míralo en mi libro Cura para la vida común: encontrando su lugar (Nashville: Thomas Nelson, 2005).
5. Entrevista telefónica con Jo Anne Lyon realizada por David Drury, 23 junio 2009.

Capítulo 5: Trabaja en equipo

1. Para un excelente resumen de las microfinanzas, consulta la obra de Peter Greer y Phil Smith, *The Poor Will Be Glad: Joining the Revolution to Lift the World out of Poverty* (Grand Rapids: Zondervan, 2009).
2. Sam Nunn, «Intellectual Honesty, Moral and Ethical Behavior; We Must Decide What Is Important», (discurso, National Prayer Breakfast, Washington D.C., 1 febrero 1996).

Capítulo 6: Abre tu puerta, abre tu corazón

1. U.S. Bureau of the Census, «Poverty: 2007 and 2008», American Community Surveys, p. 2, www.census.gov/prod/2009pubs/acsbr08-2. pdf.
2. Mark Nord, Margaret Andrews, Steven Carlson, «Household Food Security in the United States, 2008», United States Department of Agriculture, p. iii www.ers.usda.gov/publications/err83/err83.pdf.
3. National and Community Service, «White House, USDA, National Service Agency, Launch Targeted Initiative to Address Hunger», www.nationalservice.gov/about/newsroom/releases_detail. asp?tbl_pr_id=1579.

Capítulo 7: Ver la necesidad, tocar el dolor

1. UNICEF, «Estado mundial de la infancia 2009. Salud materna y neonatal», www.unicef.org/spanish/sowc09/report/report.php.

2. James Strong, *New Strong's Exhaustive Concordance* (Nashville: Thomas Nelson, 1996), s.v. «Compassion» [*Nueva Concordancia Strong Exhaustiva de la Biblia* (Nashville: Grupo Nelson, 2002)].

3. Bill Gates Sr. con Mary Ann Mackin, *Showing Up for Life: Thoughts on the Gifts of a Lifetime* (Nueva York: Broadway Books, 2009), p. 155.

Capítulo 8: Persecución; prepárate para ella y resístela

1. CIA, The World Factbook, 2009, https://www.cia.gov/library/publications/the-world-factbook/geos/tu.html.

2. «Malatya: The Story of the First Martyrs of the Modern Turkish Church», www. malatyafilm.org.

3. CIA, The World Factbook, 2009, https://www.cia.gov/library/publications/the-world-factbook/index.html.

4. DC Talk y la voz de los mártires, *Locos por Jesús: Las historias de aquellos que se mantuvieron firmes por Jesús* (Tulsa, OK: Albury Publishing, 2002), pp. 208–209.

Capítulo 10: Defiende a los que no tienen nada

1. Richard Stearns, *The Hole in Our Gospel* (Nashville: Thomas Nelson, 2008), p. 11.

2. *The Expositor's Bible Commentary with the New International Version of the Holy Bible* (Grand Rapids: Zondervan, 1990), vol. 2, pp. 633-635.

3. Walter Bruggeman, «Isaiah and the Mission of the Church» (sermón, Mars Hill Bible Church, Grand Rapids, MI, 13 julio 2008).

4. Programa de las Naciones Unidas para el Desarrollo, «Informe sobre Desarrollo Humano 2007-2008. La lucha contra el cambio climático: solidaridad frente un mundo dividido», 2007, p. 25, http://hdr.undp.org/en/media/HDR_20072008_SP_Complete.pdf.

5. «Closer to the Music», U2.com, 30 julio 2003, www.u2.com/news/article/682.

6. Unites Nations World Food Programme, «WFP Facts Blast, December 2009», http://home.wfp.org/stellent/groups/public/documents/communication/wfp187701.pdf.

7. Anup Shah, «Today, over 24,000 children died around the world», Global Issues, www.globalissues.org/article/715/today-over-24000-children-died-around-the-world.

Capítulo 11: Recuerda quién te sostiene

1. Anthony de Mello, *Taking Flight: A Book of Story Meditations* (Nueva York: Doblueday, 1990), p. 99.
2. Mission Gate Ministry, «Gospel of Matthew, chapter 20», www. charityadvantage.com/MissionGateMinistry/images/Matt20.doc.

Capítulo 12: Derriba unos cuantos muros

1. Rick Reilly, «There Are Some Games in Which Cheering for the Other Side Feels Better Than Winning, Life of Reilly», http://sports. espn.go.com/espnmag/story?section=magazine&id=3789373.
2. Hilary Le Cornu con Joseph Shulam, *A Commentary on the Jewish Roots of Acts* (Jerusalén: Netivyah Bible Instruction Ministry, 2003), p. 403.

Capítulo 14: Aparca la soberbia en el garaje

1. Gavan Daws, *Holy Man: Father Damian of Molokai* (Honolulu: University of Hawaii Press, 1984).
2. Alfred Edersheim, *The Life and Times of Jesus the Messiah*, ed. no abrev. (Peabody, MA: Hendrickson Publishers Inc., 1993), pp. 62-63.
3. Bob Ray Sanders, «Blossom's in the Dust Movie Fine, but the Woman Was Amazing», Fort Worth Star Telegram, 17 noviembre 2002, www.angelfire.com/ tx5/adoptee/sanders.html.

Capítulo 15: Primero ora; después, sigue orando

1. Oliver W. Price, «Needed: A Few Committed People to Pray for Revival», Bible Prayer Fellowship, www.praywithchrist.org/prayer/committed.php.
2. R. Kent Hughes, ed., *Acts: The Church Afire* (Wheaton, IL: Crossway Books, 1996), pp. 169-170.

Capítulo 16: Es Jesús el que está tocando ese violín

1. Gene Weingarten, «Pearls Before Breakfast», Washington Post, 8 abril 2007, http://www.washingtonpost.com/wp-dyn/content/article/2007/04/04/AR2007040401721.html.
2. Frederick Dale Bruner, *The Churchbook: Matthew 13-28* (Dallas: Word Publishing, 1990), p. 918.
3. David Aikman, *Great Souls: Six Who Changed the Century* (Nashville: Word Publishing, 1998), pp. 199-221, 224.